Zu Gast bei
König Ludwig II.

DUMONT

Zu Gast bei
König Ludwig II.

Mit Texten von Norbert Lewandowski,
Rezepten von Rudolf Wolf und
Fotografien von Gregor M. Schmid

DUMONT

INHALT

Blutjunge Majestät:
König Ludwig II.
von Bayern

Königliche Lust - ein Vorwort

Eine alte Fotografie zeigt Ludwig II. von Bayern so, wie auch er sich am liebsten gesehen hatte: als jungen, stattlichen Mann, schön wie ein Gott, jeder Zoll ein König. Der Blick ist schwärmerisch nach oben, in die Ferne gerichtet und greift kühn über die von ihm selbst gezogene Grenzlinie von Realität und Traumwelt hinaus; um die Lippen spielt zugleich ein hauchfeines, spöttisches Lächeln, so als wisse dieser Mann, der in aller Welt als Inkarnation des entrückten, völlig versponnenen Träumers gilt, nur zu gut um die Publikumswirksamkeit dieser Selbstinszenierung, um seine geradezu hypnotische Wirkung auf andere. Ja, es hat den Anschein, als ahne Ludwig II. in einem visionären Ausblick bereits seinen künftigen Weg durch die bizarren Welten seiner Phantasie und durch die Niederungen der Kabalen am bayerischen Hof voraus und sei fest entschlossen, ihn nach allen Regeln der Kunst zu vermarkten. Und in der Tat entspricht die Darstellung auf diesem Bild sehr genau den Idealvorstellungen, die Millionen von Menschen vom Märchenkönig, von ihrem „Kini", bis heute hegen und pflegen.

Ludwig präsentierte sich dem mal applaudierenden, mal befremdeten, aber immer staunenden Publikum mit seiner Prachtentfaltung, mit seinen Prunkschlössern, mit der hemmungslosen Verehrung Richard Wagners und mit seiner Sucht nach Romantik als der erste Superstar des 19. Jahrhunderts, als eine exzentrische Kunstfigur, wie sie erst ein halbes Jahrhundert später in Hollywood nachvollziehbar werden sollte. Er war der geniale Darsteller seiner Traumwelt und zugleich ihr perfekter Regisseur.

Er inszenierte mit seinen Banketten im absolutistischen Stil, den opulenten und schließlich nur noch skurrilen Tafelfreuden, der opernhaften Gestaltung und Ausstattung von Schlössern und Räumen, seinen immer wiederkehrenden Schüben von Herzeleid und seiner grenzenlosen Selbstliebe ein lebenslanges Bühnenstück. Er ging mit seinem verblüfften Volk um wie ein moderner Medienstar mit seiner Fangemeinde. Je mehr er sich der Öffentlichkeit entzog, desto geheimnisvoller und faszinierender wurde das Bild dieses Mannes. Ludwig II. pflegte seinen narzißtischen Egoismus wie eine göttliche Tugend. Seine phantastischen Fluchtburgen, in die Realität gesetzte Luftschlösser, dienten ausschließlich seiner eigenen Erbauung. Als er sie errichten ließ, ging es ihm weder um die Mehrung des bayerischen Kulturguts, noch dachte er daran, sie als Erbe der Nachwelt zu vermachen. Nach seinem Tod sollten sie gesprengt werden, keinem anderen Sterblichen sollte es vergönnt sein, sich ihrer überirdischen Pracht zu erfreuen.

Ludwig II. hat seine Überspanntheiten und Ausschweifungen bezahlt, immerhin mit seinem Leben. Doch selbst sein Tod geriet zu einem spektakulären Abgang, zur geheimnisvollsten Szene seines Lebens. Erst dieser Tod, mag es nun Mord oder Selbstmord gewesen sein, hat den Mythos Ludwig geschaffen. Materiell hat er alle hinterlassenen Defizite inzwischen tausendfach vergolten. Sein bauliches Erbe und nicht minder sein angeblicher Wahnsinn wurden zu Kronjuwelen der bayerischen Tourismusbranche.

Zu der Tragik seines Lebens gehört sicher auch, daß Ludwig zwar stets auf die gespannte Aufmerksamkeit seines Publikums rechnen konnte, volles Verständnis für seine Bedürfnisse und Sehnsüchte wohl aber erst in der achten Generation nach ihm finden konnte. So

werden an seiner vermeintlichen Absonderlichkeit die
moralischen Verkrampfungen und Verlogenheiten seiner Zeit erkennbar. Damals wollte man allen Ernstes
seine Lust an historischen Kostümen in Frage stellen.
Heute nennt man so etwas Mode. Damals fühlte man
sich bemüßigt, seine kleinen, harmlosen Gedichte und
Tagebucheintragungen, seine diffuse Sehnsucht nach
dem Hindukusch oder Orient als Indizien für eine gei-
stige Umnachtung zu werten. Heute nennt man jene,
die solchen oder ähnlichen Sehnsüchten nachgeben,
Aussteiger, und niemand wundert sich. Selbst Ludwigs
elegische Schwärmereien für das eigene Geschlecht, für
die er sich immer wieder selbst kasteite, wirken heute
eher amüsant als empörend oder gar unaussprechbar.
Daß er mit diesen Äußerungen und aufgrund seiner
erotischen Vorlieben zu einem Hohepriester der intel-
lektuellen Homophilie werden würde, hat er sicherlich
weder geahnt noch gewollt.

So wird das Bild eines Herrschers sichtbar, der zwar
politisch und am normalen Leben scheiterte, dafür aber
mit einer unendlichen Lebensgier sich seine eigene Welt
entwarf und seine Träume rücksichtslos zu erfüllen
trachtete. Er war eine Fiktion aus Fleisch und Blut. Par-
sifal, Lohengrin, Heinrich: in welches unsterbliche
Wesen er auch immer sich verwandeln wollte, in welchen Sphären er schweben mochte, an welcher Tafel er
auch immer träumte – es war ihm eine königliche Lust.

Anmerkung zu den Rezepten in diesem Buch:

Alle Rezepte wurden so detailgetreu wie möglich aus alten
Quellen übernommen, in einigen Punkten aber ein wenig mo-
dernisiert. Die opulente bis maßlose Verwendung von Fetten
(Butter, Schmalz, Sahne etc.) im 19. Jahrhundert entspricht nicht
mehr der modernen Auffassung von Geschmack und Bekömm-
lichkeit. In dieser Hinsicht wurden die Originalrezepte etwas
„entschärft“; sie sind jetzt nachvollziehbar. In ihrem Charakter
aber wurden sie ebensowenig verändert wie die Speisenfolgen der
Menüs, die heutzutage immer wieder ob ihrer enormen Reichhal-
tigkeit verblüffen.
Die Rezepte sind – wenn nicht anders vermerkt – jeweils für vier
Personen vorgesehen.

KINDHEIT
UND ERZIEHUNG

Es war zwanzig Minuten nach Mitternacht, als in dem kleinen Zimmer in einem der südlichen Pavillons des Schlosses endlich das klägliche Schreien eines Säuglings ertönte. Seine Mutter hatte sich über zwanzig Stunden gequält. Es schien, als wolle das Kind partout nicht in diese Welt irdischer Unvollkommenheiten und Banalitäten, obwohl gerade sein künftiges Leben außerordentlich privilegiert verlaufen sollte und bereits der Beginn in ganz ungewöhnlichem Maße die Aufmerksamkeit auf sich zog: Ein ganzes Königreich hatte sehnsüchtig diese Geburt erwartet, und ein leibhaftiger Herrscher war zu nachtschlafender Zeit an die Wiege geeilt. Schließlich, als das freudige Ereignis eingetreten war, erschütterten 101 Kanonenschüsse die Nacht, und der Ort der Geburt „wurde geziert und beleuchtet", wie später die Mutter des Neugeborenen in der Familienchronik festhielt.

In der Fensterfront der Westfassade von Nymphenburg spiegelt sich der Schloßpark (links).

Kupferstich von Schloß Nymphenburg von 1848. Die Barockanlage wurde von Kurfürst Ferdinand Maria gebaut (oben).

So kam am 25. August 1845 Prinz Ludwig Otto Friedrich Wilhelm von Bayern in Schloß Nymphenburg zu München auf die Welt. Die allgemeine Erleichterung war groß, denn drei Jahre lang war die Ehe des bayerischen Thronfolgers Kronprinz Maximilian von Bayern mit der Prinzessin Marie Friederike von Preußen schon kinderlos. Dem bayerischen Klerus hatte diese Verbindung ohnehin nicht sonderlich geschmeckt, denn die preußische Braut war protestantischer Konfession, und so hatte es auch zwei Trauungen gegeben: Die evangelische fand am 5. Oktober 1842 in der Schloßkapelle von Berlin statt, die katholische sieben Tage später in der Allerheiligen-Hofkirche zu München. Immerhin lobte König Ludwig I., ein ausgewiesener Frauenkenner, die äußeren Vorzüge seiner Schwiegertochter: Sie habe sehr schöne Augen, sei recht hübsch und „die Gemütlichkeit selbst". Daß mit einem Sproß aus dieser Verbindung möglicherweise ein Halbpreuße dereinst auf dem bayerischen Thron Platz nehmen würde, sei zwar ein gewisses Manko, das jedoch von einem unschätzbaren strategischen Vorteil aufgewogen würde: Die Ehe zwischen dem einunddreißigjährigen

Maximilian und der siebzehnjährigen Marie Friederike führte Hohenzollern und Wittelsbacher, die beiden bedeutendsten deutschen Herrscherhäuser, zusammen. Ein Abkömmling dieser höchstedlen Stammbaumkonstellation stände dem reinsten Königtum von Gottes Gnaden und somit dem Himmel näher als sonst irgendein Irdischer. Unter diesem Sternschnuppenregen dynastischer Wunschträume erblickte der Knabe Ludwig Otto Friedrich Wilhelm das Licht der Welt.

Die ersten starken Wehen hatten bereits in den frühen Morgenstunden des 24. August eingesetzt. Die werdende Mutter war in heller Aufregung; vor zwei Jahren hatte sie eine Fehlgeburt erlitten. Und diesmal? Einen Tag lang quälte sich die Zwanzigjährige. Gegen Abend eilte ihr Schwiegervater, König Ludwig I., mit seiner Gemahlin Therese von der Münchner Residenz nach Nymphenburg, um dem großen Ereignis höchstpersönlich beizuwohnen. Die Prinzessin sollte sich getrost noch einige Stündchen Zeit lassen, denn der bayerische Monarch wünschte sich „lebhaft", daß die Niederkunft erst nach Mitternacht, „also an meinem Geburtstag stattfände". Des Königs Wunsch war der werdenden Mutter sowie den sie betreuenden Ärzten Befehl. Ludwig I. notierte später: „So geschah es nach 20 Minuten gemäß der Nymphenburger, nach 30 Minuten gemäß meiner Uhr, also in der gleichen Stunde, in welcher vor 59 Jahren ich geboren war, wurde Marie entbunden von einem Sohn." Der König hatte sein Geburtstagsgeschenk; der Zeitpunkt der Niederkunft wurde natürlich nicht nach der offiziellen „Nymphenburger" Zeit, sondern selbstredend nach der Uhr Seiner Majestät festgehalten.

Der Bub sollte Otto heißen; das hatten die Eltern schon Monate zuvor bestimmt. Wie Otto der Große, der mächtige deutsche Kaiser des ausklingenden Frühmittelalters. Oder Otto I., Pfalzgraf von Bayern, der erste Regent aus dem Hause Wittelsbach. Wer weiß, wie sich der Knabe entwickelt hätte, wäre es bei diesem Namen geblieben. Doch auch da hatte der König anderes im Sinn. Was läge denn näher, als diesem Kind, das ausgerechnet am Geburtstag seines Großvaters zur Welt kam, nun auch seinen Namen zu geben, zumal der 25. August der Tag des heiligen Ludwigs sei? Außerdem habe auch er, der Monarch, nicht den Namen erhalten, der ursprünglich für ihn vorgesehen war: Ludwig I., der als Sohn des Pfalzgrafen Maximilian Joseph von Zweibrücken in Straßburg geboren wurde, sollte nach dem Willen seiner Eltern eigentlich Karl heißen. Doch der stolze Papa, der im Elsaß als Regimentskommandeur dem französischen König Louis XVI. unterstellt war, hatte der knappen Order seines Dienstherrn, der überdies auch noch Patenonkel war, zu gehorchen: „Il s'appellera Louis!" So wurde aus dem kleinen Karl ein Ludwig, wie 59 Jahre später aus einem kleinen Otto ebenfalls ein kleiner Ludwig werden sollte.

Gewiß keine schlechte Wahl, auch dieser Name wurde von großen Herrschern getragen. An erster Stelle ist da der französische Sonnenkönig Ludwig XIV. zu nennen, ein absolutistischer Monarch von unvergleichlicher Machtfülle, der mit vollem Recht von sich sagen konnte: „L'Etat c'est moi!" – Der Staat bin ich! Der andere große Ludwig trug von 1226 bis 1270 die Krone Frankreichs. Er galt als bewundernswerter Held, war einerseits ein minnefester Seigneur und den weltlichen Gelüsten entsagender Christ, andererseits ein rechtsbewußter Realist, der das damals übliche Fehdewesen beseitigte, für eine ordentliche Rechtsprechung sorgte und das Pariser Parlament als oberstes Gericht einsetzte. Daß er zudem noch die Dornenkrone Christi – oder zumindest was er dafür hielt – in die Sainte-Chapelle nach Paris brachte, ließ ihn bereits zu seinen Lebzeiten zu einer Legende werden, zu einem Heiligen auf dem Thron. Jener Ludwig IX. gab im Jahre 1270 auf einem seiner militärisch wie politisch erfolglosen Kreuzzüge

in Tunis sein königliches Leben hin. Nach dem tiefreligiösen mittelalterlichen Verständnis war das nur der konsequente Abschluß eines gottesfürchtigen Lebens: So wurde er denn auch 1297 heiliggesprochen. Der bayerische Ludwig sollte bald beiden berühmten Namensvettern nacheifern, zumindest im Geiste. Mal dem grandiosen Machtmenschen aus der Barockzeit, mal dem weltentrückten Asketen aus der Epoche der himmelstürmenden Gotik. Schon die Namensgebung geriet zu einer Art schicksalhaftem Omen für das Leben und Streben des späteren Königs von Bayern.

Ludwigs leibliche Taufpaten reichten, was die historische Reputation betrifft, bei weitem nicht an seine späteren Vorbilder heran. Sie waren eher selbstverliebte Romantiker, zum einen leidenschaftliche Anhänger der antiken Baukunst und Ideale, zum anderen versunken in die Ritter- und Sagenwelt des Mittelalters. Und sie gaben, so scheint es, dem Täufling ihre Veranlagungen überreich mit auf seinen Lebensweg. Großvater

Geburtsblatt von
Prinz Ludwig Otto Friedrich Wilhelm

Ludwig I., König von Bayern, galt zwar als durchaus begabter und zupackender Herrscher, aber auch als schwärmerischer Feuerkopf, den weibliche Schönheit und hellenistische Baukunst gleichermaßen begeisterten. Er schuf mit den Tempelbauten am Königsplatz sowie mit der Ludwigstraße, seiner „via triumphalis", das neoklassizistische München. Doch 1848 verzichtete er, nachdem er immer mehr Befugnisse an eine übermächtige Administration abtreten mußte und wegen einer geradezu selbstzerstörerischen Liebesbeziehung zur Tänzerin Lola Montez, zugunsten seines Sohnes Maximilian auf den Thron. Seinen Hofbeamten teilte er stolz mit: „Man hat mich zum Schreiber und nicht einmal zum Oberschreiber, sondern nur zum Unterschreiber degradieren wollen. Dafür dankte ich ab."

Onkel Otto, ebenfalls Pate, war bei der Taufe im Steinernen Saal von Schloß Nymphenburg nicht zugegen. Ihn hatte es schon in jungen Jahren auf den Thron der neu errichteten griechischen Monarchie verschlagen. Sein Vater Ludwig I., der begeisterte Anhänger des alten Hellas, hatte die Griechen nicht nur in ihrem Freiheitskampf gegen die Türken unterstützt, sondern ihnen nach ihrem Sieg auch Hilfe beim Aufbau des neuen Staatswesens gewährt: mit 3500 bayerischen Soldaten, einigen Beamten und seinem Sohn, der als Otto I. zum König von Griechenland gewählt wurde. Dies blieb er, obwohl talentarm und ohne Entschlußkraft, dreißig Jahre lang. In dieser Zeit wurde zwar die Akropolis nach den Vorstellungen bayerischer Archäo-

logen und Philologen restauriert; doch den Neu-Hellenen war die kunsthistorische Bewältigung ihrer antiken Vergangenheit als Regierungsprogramm zu wenig. Schließlich wurde der „fremde König" 1862 gestürzt und von den Griechen ins heimatliche Exil geschickt. Fünf Jahre später erlag Onkel Otto in Bamberg einer Masernerkrankung.

Als dritter Pate reiste Preußens König Friedrich Wilhelm IV. zur Taufe nach München. Er war der Gemahl von Ludwigs bayerischer Großtante Elisabeth, einer Schwester Ludwigs I. Friedrich Wilhelm entsprach in keiner Weise dem Bild des strammen, zackigen Preußen. Im Gegensatz zu seinen Vorfahren mied er, falls irgend möglich, alles Militärische und Kriegerische; seine Sorge galt eher der Vollendung des gotischen Baus des Kölner Doms, wie er überhaupt am liebsten im Mittelalter der Minnesänger gelebt hätte. Friedrich Wilhelm IV. sah sich der mittelalterlichen Reichsidee verpflichtet und wollte eigentlich, daß jener Staat, dem er als Monarch vorstand und der sich gerade anschickte, wieder zu einer europäischen Großmacht zu werden, in einem größeren Deutschland aufging. Das paßte nicht in die stählerne Dynamik der Restauration und Reaktion. Wenigstens ließ man ihn etliche Burgen und Kirchen nach mittelalterlichem Vorbild planen und auch bauen. Er lehnte die Kaiserkrone ab, die ihm die Frankfurter Nationalversammlung angetragen hatte, weil seiner Überzeugung und Weltanschauung nach nur der allmächtige Herr und

*Prinz Ludwig mit Trommel
und Baukasten, ein Aquarell
von Ernst Rietschel (1850)*

Gott eine solche Gnade erweisen könne. 1857 übergab er wegen einer Gehirnerkrankung die Regierungsgeschäfte seinem Bruder Wilhelm I. Vier Jahre später, 1861, starb Friedrich Wilhelm in geistiger Umnachtung auf Schloß Sanssouci.

Die frühe Kindheit des Täuflings, in den so hohe Erwartungen gesetzt wurden, stand unter keinem guten Stern. Ludwig war noch nicht einmal ein Jahr, als seine Amme plötzlich an Nervenfieber verstarb und er abrupt entwöhnt werden mußte. In dieser Phase erkrankte das Kleinkind schwer und blieb lange Zeit geschwächt. Gerade drei Jahre alt, trat jenes Ereignis ein, das sein weiteres Leben entscheidend prägen sollte: Vater Maximilian wurde durch die Abdankung des Großvaters Ludwig I. König von Bayern. Damit war der Bub Kronprinz. Im gleichen Jahr wurde sein Bruder Otto geboren.

Ludwig, der von einem Tag auf den anderen eine Rolle von großer dynastischer und politischer Bedeutung zugewiesen bekam, war kein glückliches Kind. Das lag in erster Linie an seinen Eltern. Der Vater war ein spröder, entscheidungsschwacher Mann, der sich viel lieber der Philosophie, der Poesie und den Geisteswissenschaften gewidmet hätte als den nüchternen Regierungsgeschäften. Hatte sein Vorgänger München mit neoklassizistischen Bauwerken zu einem „Isar-Athen" gemacht, so trachtete Maximilian II. danach, Künstler, Literaten und bedeutende Hochschullehrer, unter ihnen vor allem „Nordlichter", in die Residenzstadt des Königreichs Bayern zu holen, was ihm auch gelang: München wurde zu einem der geistigen Zentren Deutschlands. „Wenn mir der Thron nicht vorbestimmt gewesen wäre, dann wäre ich sicher Professor geworden", pflegte er bisweilen zu kokettieren. Um die Erziehung seines Sohnes kümmerte er sich kaum; das überließ er professionellen Pädagogen.

Der König hatte sich einen strengen, ja pedantischen Tagesablauf angewöhnt: Aufstehen zwischen 5.00 und 5.30 Uhr. Eine Dreiviertelstunde für Waschen mit kaltem Wasser, Ankleiden und ein karges Frühstück mit einer Tasse Kaffee und einer Semmel. Dann Regierungsarbeit mit einem Sekretär bis 9.30 Uhr. Es folgte, ob Sommer oder Winter, ob Sonne, Regen oder Schnee, ein eineinviertelstündiger Spaziergang in den Englischen Garten. Anschließend eine Viertelstunde Ruhepause, dann Regierungsgeschäfte bis 12 Uhr. Daraufhin Gabelfrühstück gemeinsam mit der Königin mit etwas gebratenem Fleisch, zwei, drei weichgekochten Eiern und einem Glas Bordeaux. Danach wieder ein Spaziergang oder ein Ausritt mit anschließender halbstündiger Mittagsruhe. Dann nahm der König wieder bis 15.30 Uhr die Arbeit auf, gewöhnlich Audienzen bis um 16 Uhr: Zeit fürs Diner im Bürger- oder Speisezimmer oder im Wintergarten der Residenz, manchmal auch in den Schlössern Nymphenburg oder Berg oder auf der Roseninsel. Das Mahl dauerte für gewöhnlich eine Stunde, es gab meist sieben Gänge. Nach der Suppe wurde Bier ausge-

Prinz Ludwig und sein jüngerer Bruder Otto
mit den königlichen Eltern
in Hohenschwangau

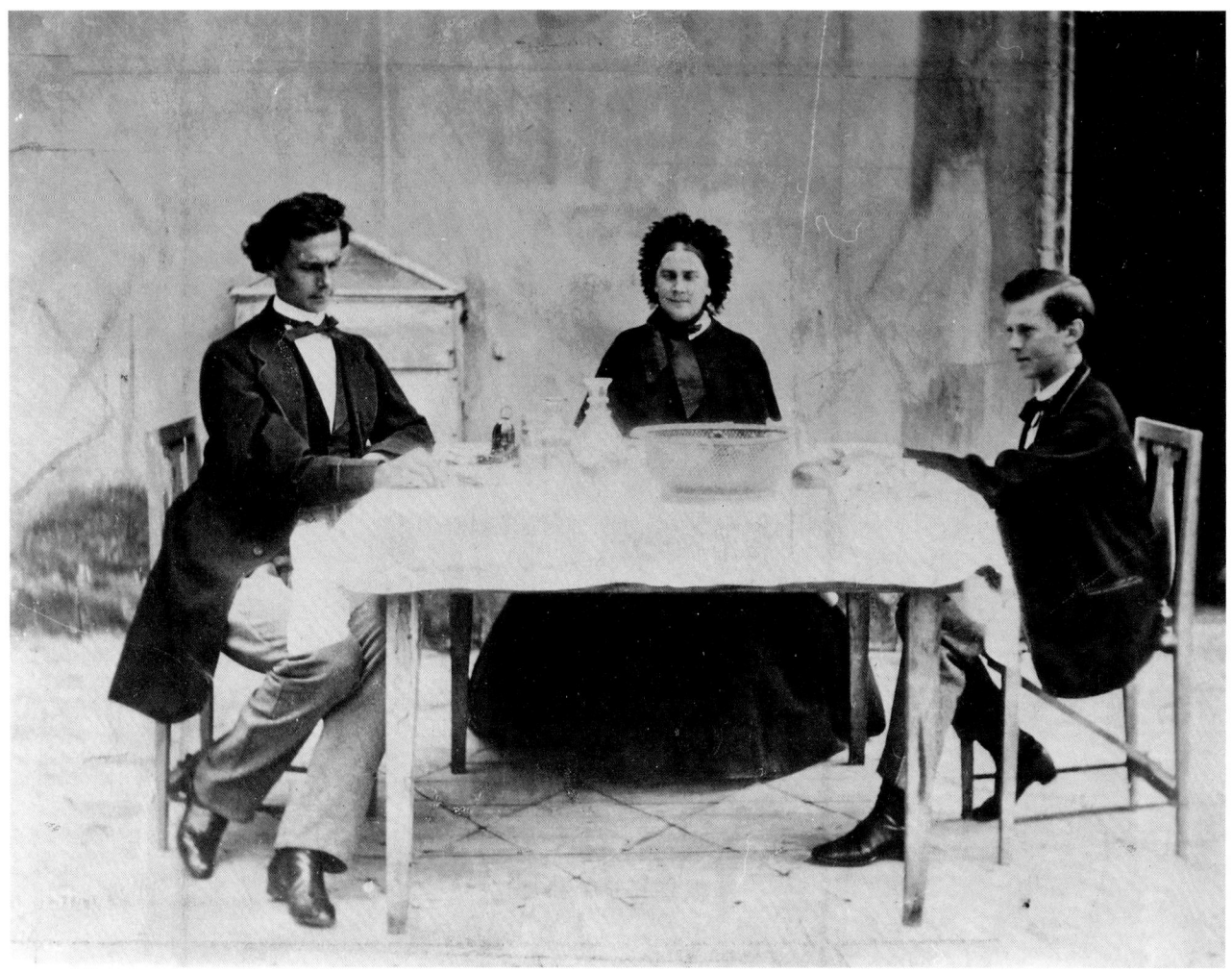

Der einundzwanzigjährige König Ludwig II.
mit Mutter Marie und Bruder Otto
im Landhaus Elbingenalp

schenkt, auch für die Damen. Anschließend traf sich der König bei der Königin mit den Kindern, man unternahm eine kleine Ausfahrt, nach der Maximilian bis 18.30 Uhr noch einmal die Arbeit aufnahm. Es folgte entweder eine Teeplauderei bei der Königin oder eine Theateraufführung. Zwischen 21.30 und 21.45 Uhr ging der Monarch ins Bett, meist ohne Abendessen. Diesen Ablauf hatte auch die Familie zu befolgen.

„Stets hat er mich de haut en bas behandelt, höchstens en passant einiger gnädiger, kalter Worte gewürdigt", klagte Ludwig später im Mannesalter. Von oben herab also fühlte sich der Sohn und Kronprinz behan-

delt, wie ein Vasall, dem in seltenen Ausnahmefällen einmal die Ehre zuteil wird, den König auf einem seiner morgendlichen Spaziergänge begleiten zu dürfen. Der Vater sah es etwas anders: „Was soll ich mit dem jungen Herrn sprechen? Es interessiert ihn nichts, was ich anrege." Ein-, zweimal am Tag sah der König seinen Ältesten; dann pflegte er ihm wie einem flüchtigen Bekannten die Hand zu reichen und sich ziemlich rasch wieder zu verabschieden.

Die Mutter ging auch nicht viel herzlicher mit den Söhnen um. Zwar verbrachte sie etwas mehr Zeit mit den Prinzen, doch ihre allgemeine Interesselosigkeit und Oberflächlichkeit ließen kaum fürsorgliche oder gar zärtliche Gefühle aufkeimen. Im Gegensatz zu ihrem Gemahl und dem älteren Sohn war sie bar jeglicher musischen Neigung. Wenn Ludwig, ein phantasiebegabtes Kind, von den Ritter- und Heldengestalten der alten Sagenwelt schwärmte, begegnete ihm die allzu realitätsbewußte Frau teils mit Spott, teils mit Ablehnung. Als ihr Ludwig von seinem ersten Taschengeld ein Medaillon kaufte, rügte ihn seine Mutter für das kindliche Geschenk: Er könne nicht mit seinem Geld umgehen, lautete ihr wenig einfühlsamer Kommentar. Einzig in der Naturliebe war sich die Familie einig. Bei Ausflügen in die Berge, zu denen sich die gebürtige Preußin Marie stets bayerisch-zünftig kostümierte, kamen sich Mutter und Sohn etwas näher. Doch diese seltenen Gelegenheiten konnten Ludwigs Sehnsucht nach Mutterliebe nicht stillen. Der Prinz zog sich mehr und mehr in seine Phantasiewelt zurück und verschloß sich gegenüber den Eltern, was diesen offenbar, wenn sie es überhaupt bemerkten, keine Probleme bereitete. „Die Königin hat eine mir gegenüber sich äußernde, nur Ihr allein eigene höchst unsympathische Art zu sprechen. In Ihrem ganzen Wesen, Ihren Blicken und Worten legt sie nicht selten ein gewisses Mißtrauen, einen hie und da sich zeigenden lauernden Argwohn an den Tag", so freimütig, ja abschätzig ließ sich Ludwig später als König über seine Mutter aus. Er schreckte selbst vor deftigen Beleidigungen nicht zurück, was einmal sogar darin gipfelte, daß er sie als „preußische Gebärmaschine" bezeichnete.

Für die Distanz zwischen königlichen Eltern und Kindern waren nicht zuletzt die Hofpädagogen verantwortlich. Sie glaubten, daß durch die Methode des Liebesentzugs die Selbständigkeit der Heranwachsenden gefördert würde. So war für die Erziehung beider Prinzen ausschließlich das Personal zuständig. Ludwig wurde von Privatlehrern unterrichtet, wobei man sich an dem Wissensstoff orientierte, der an den bayerischen Volksschulen und Gymnasien vermittelt wurde. Französisch lernte er rasch und ohne Probleme; mit Latein und Griechisch sah das jedoch schon anders

aus. Daneben zeigte der jugendliche Prinz ein ausgeprägtes Interesse für Naturwissenschaften und die Technik, was später in seiner Zeit als Herrscher noch seltsame Früchte tragen sollte. Seine große Leidenschaft war jedoch die Literatur und das Theater, womit er bei seiner Mutter einmal mehr auf blankes Unverständnis stieß. Nachts las er heimlich in den Werken Goethes, Shakespeares und vor allem Schillers. Ab 1863 hörte er an der Münchner Universität Vorlesungen in den Fächern Französisch, Englisch, Philosophie, außerdem Physik und Chemie. Dieses Studium generale konnte er jedoch nicht beenden, da er bereits ein Jahr später zum König gekrönt wurde und ihm seine Pflichten kaum mehr Zeit für die Hochschule ließen. So mußte dieser durchaus talentierte und wißbegierige junge Mann ein Amt ohne entsprechende Ausbildung antreten, eine Ausbildung, die ihn zu systematischem Denken und konsequentem Handeln befähigt hätte. Ludwig selbst war sich dieses Mankos bewußt. Er fühlte sich als König den meisten seiner Gesprächspartner unterlegen und wechselte bei Audienzen oft sehr rasch das Thema, um das zu besprechende Problem nicht vertiefen zu müssen. Aktuelle Fragen beantwortete er häufig nach vorheriger Beurteilung seitens kompetenter Experten und Ratgeber schriftlich, was ja durchaus vernünftig war. Korrekterweise muß gesagt werden, daß sich Ludwig im Laufe seiner Regierungszeit viele Kenntnisse aneignete, deren Vermittlung seine Lehrer versäumt hatten.

Es scheint, als hätte seinen Erziehern nicht so sehr die fachliche Ausbildung des Kronprinzen am Herzen gelegen, als wäre es ihnen vielmehr darum gegangen, bei dem Zögling ein arrogantes Majestätsbewußtsein zu wecken, den Dünkel, zumindest im Lande Bayern der oberste, wichtigste und wertvollste aller Menschen, im Prinzip nur dem Schöpfer und keiner irdischen Instanz verantwortlich zu sein. Das widersprach zwar allen Realitäten, auch denen eines bayerischen Königs, doch es hörte sich für einen heranwachsenden Romantiker, der sich zuweilen schon als sagenhafter König Artus sah, nur allzu verlockend an. So wurde Ludwigs

ERINNERUNGEN AUS DEM LEBEN KÖNIG LUDWIGS II. V. BAYERN.
(Historische Bilder)

König Ludwig II. zeichnet als Kronprinz ein Jagdhaus am Hintersee. (1858).

Hang zur Überheblichkeit, zur Willkür, Rachsucht und Verbohrtheit, den er bei all seiner Liebenswürdigkeit auch besaß, ganz bewußt gefördert statt abgebaut. Als einer seiner Spielkameraden, der kleine Tony Graf Arco, dem Kronprinzen beim kindlichen Spiel eine Ohrfeige gab, wurde er zur Strafe nicht mehr ins königliche Schloß eingeladen. Besonders Bruder Otto bekam den Anspruch Ludwigs auf unbedingte Vorrangstellung zu spüren. Im Winter mußte er die Schneebälle formen, die Ludwig warf. Während einer Sommerfrische in Berchtesgaden trieb der Zwölfjährige mit seinem kleinen Bruder ein bitterböses Spiel. Er hatte ihn gefesselt und geknebelt und erklärte einem zu Hilfe eilenden Hofbeamten in vollem Ernst: „Er ist mein Vasall und wagt es, ungehorsam zu sein. Ich muß ihn hinrichten!" Ludwig wurde daraufhin von seinem Vater bestraft. Das hat er selbst als Erwachsener weder vergessen, noch hat er sein Unrecht eingesehen. Im Gegenteil: Aufgrund dieser Maßregelung betrat er als König nie wieder das Sommerdomizil Berchtesgaden.

Es gab auch unbeschwerte Momente in der Kindheit und Jugend des Kronprinzen. Nach Berichten von Kabinettssekretär Franz Seraph von Pfistermeister verstand er sich im großen und ganzen recht gut mit Otto, vor allem während der Sommeraufenthalte auf Schloß Hohenschwangau. Ludwig genoß die Bergwanderungen, das Leben in der Natur, der er immer eng

verbunden sein sollte. Nur die Jagd mochte er nicht, wie er alles Martialische haßte. Spielte sein Bruder mit Zinnsoldaten, türmte Ludwig Bauklötze auf. Wurde Otto zur Jagd mitgenommen, ging Ludwig zum Fischen. Er schwamm gern und gut und war ein ausgezeichneter, fast waghalsiger Reiter. 1861 schrieb er seinem Großvater Ludwig I. ganz ungekünstelt aus den Ferien: „Wir bringen hier [in Hohenschwangau] unsere Vakanz recht angenehm zu und benützten die schönen Tage teils zu Ausflügen, teils zum Fischen im Alpsee, dessen klares, mildes Wasser uns auch zum Schwimmen sehr angenehm ist. Neulich fing ich einen achtpfündigen Hecht, was mich so freute, daß ich ihn durch Hofphotograph Albert, der sich gerade hier befand, photographieren ließ."

König Max II. liebte lange Sommerwanderungen, bei denen ihn meist ein größerer Troß begleitete. Diese Touren zeichneten sich durch eine Besonderheit aus, denn im Gegensatz zu den Hofdiners waren die Mahlzeiten opulent. Von einem üppigen Menü im Sommer 1858 auf der Tiroler Blumser Alm berichtet der teilnehmende Historiker Wilhelm Heinrich Riehl. Danach hatten Leibkoch Johann Rottenhöfer und seine Küchenbrigade Lebensmittel und Ausrüstung mühsam auf den Berg geschleppt. In der Sennhütte war freilich kein Platz für die prächtige Tafel, so daß der Kuhstall ausgeräumt werden mußte und der Boden zwecks Geruchsbeseitigung dick mit frischem Heu belegt wurde. Als Tisch diente die ausgehängte Stalltür, die mit blütenweißem Linnen und Silbergeschirr gedeckt wurde. Der König selbst las entgegen seiner sonstigen Gewohnheit aufgeräumt die französische Menükarte vor. Es gab: Reissuppe mit Huhn, Forellen mit neuen Kartoffeln und Sauce hollandaise, Kalbskoteletts mit neuen Erbsen und Bohnen, Rehziemer in Lorbeerblättern gebraten, Schmarrn à la Blumser Alm, Erdbeertorte, frische Kirschen und Melonen, danach Mokka und Havanna-Zigarren. Dazu wurden Hofbräuhaus-Bier, Champagner und Rheinwein gereicht und zwar in dem damals üblichen Ausmaß, so daß die Stimmung heiter und ausgelassen wie selten war. Plötzlich sah sich die königliche Tafel belagert. Wilhelm Heinrich Riehl schildert die Szene genüßlich: „Den Kühen draußen war es nämlich kalt geworden, sie kamen zu ihrem Stall zurück und suchten brüllend durch die offene Tür einzudringen, wurden aber von den servierenden Bedienten mit ihren Servietten tapfer bekämpft und endlich zurückgeschlagen. Schade, daß sich kein Maler zur Stelle fand; die Hoftafel im Kuhstall würde ihm Stoff zum originellsten und stimmungsvollsten Genrebild geboten haben."

Die Sommerresidenz
der königlichen Familie
in Berchtesgaden

FORELLEN MIT SAUCE HOLLANDAISE

4 küchenfertige Forellen (je 250 g)
Salz, Saft von 1 Zitrone
Petersiliensträußchen
(zum Garnieren)

für den Sud:
1 Zwiebel
1 Möhre
250 ml trockener Weißwein
3 Thymianzweige
5 Petersilienstengel
2 Lorbeerblätter
1 Zitrone (in Scheiben geschnitten)
1 TL schwarze Pfefferkörner
20 g Salz

für die Sauce:
250 g Butter
3 Eigelb
Salz
1 EL Zitronensaft
Cayennepfeffer

Für den Sud 3 l Wasser aufkochen. Zwiebel und Möhre schälen und in Scheiben schneiden, mit den anderen Sud-Zutaten – außer Salz – in das heiße Wasser geben und etwa 20 Minuten kochen. In der Zwischenzeit die Sauce hollandaise zubereiten. Die Butter bei sanfter Hitze schmelzen lassen. Eigelb mit 3 EL Wasser und 1 Prise Salz im 70 Grad heißen Wasserbad mit dem Schneebesen zur dickschaumigen Creme schlagen. Danach teelöffelweise die flüssige Butter darunterschlagen. Wenn die Sauce zu dick wird, ein paar Tropfen Zitronensaft hinzufügen. Die Hollandaise mit Zitronensaft, Cayennepfeffer und Salz abschmecken.

Jetzt die gereinigten Forellen innen leicht salzen und mit Zitronensaft beträufeln. Im Sud 20 g Salz auflösen, Fische hineingleiten lassen und zugedeckt auf der abgeschalteten Herdplatte 10 Minuten ziehen lassen. Forellen auf einer vorgewärmten Servierplatte, mit Petersiliensträußchen garniert, anrichten. Die Sauce separat dazu reichen. Als Beilage passen Butterkartoffeln und Salat.

GEBRATENE KALBSKOTELETTS

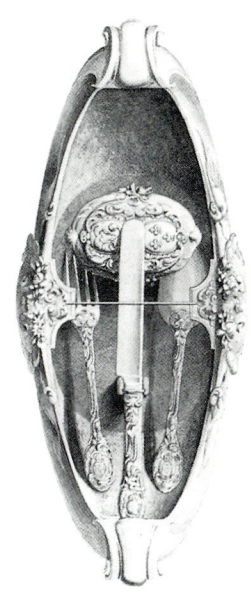

APFELSCHMARRN BLUMSER ALM

4 Kalbskoteletts
(je 200 g)
etwas Mehl
Salz, Pfeffer
5 EL Olivenöl
1 Zweig Rosmarin
6 Salbeiblättchen
100 ml trockener Weißwein

50 g Mehl
250 ml Milch
Salz, 1 Prise Vanillezucker
4 Eier
2 säuerliche Äpfel
Butterschmalz
30 g Butter
40 g Puderzucker

Kalbskoteletts salzen, pfeffern und leicht in Mehl wenden. Olivenöl in einer Pfanne erhitzen und mit dem Rosmarin und Salbei aromatisieren. Dann den Zweig und die Blättchen aus dem Öl nehmen und die Koteletts einlegen. Diese schnell auf beiden Seiten goldbraun braten, so daß sie innen noch saftig und fast rosa sind. Auf einer vorgewärmten Platte anrichten. Den Bratfond mit Weißwein loskochen und an die Koteletts geben. Als Beilage: Tomatensalat.

Das Mehl mit Milch, Salz und Vanillezucker zu einem glatten Teig rühren. Die Eier mit einem Schneebesen leicht verquirlen und unter den Teig heben. Äpfel schälen, vierteln, Kerngehäuse entfernen und die Apfelviertel in Scheiben schneiden. Butterschmalz in einer sehr großen Pfanne (bei normaler Pfannengröße in zwei Etappen backen) erhitzen und die Apfelscheiben darin anbraten. Den Teig in die Pfanne geben und bräunen. Die Teigplatte wenden und frische Butter zugeben. Den Pfannkuchen mit zwei Gabeln in Stücke reißen und Puderzucker darüberstäuben. Den Schmarrn unter dem Grill leicht karamelisieren lassen, vor dem Servieren mit restlichem Puderzucker bestreuen.

*Entwurf von F. Brochier
zu einem schifförmigen Behälter
für Besteck- und Salzfaß, 1884*

$\mathcal{L}$UDWIG WIRD KÖNIG

Unter dem Datum des 10. März 1864 hielt Ludwig Freiherr von der Pfordten, Bayerns Gesandter am Frankfurter Bundestag, in seinem Tagebuch fest: „Der König ist um 11 3/4 Uhr gestorben als Opfer der holsteinischen Sache. Um 2 Uhr hatte er beschlossen, dem Drängen Österreichs gegenüber fest am Rechte zu halten und mich zur Stellung des Antrags auf Anerkennung des Herzogs Friedrich anweisen zu lassen; um 4 Uhr erkrankte er … Er stirbt in Glorie seinem hohen Beruf; Gott schütze Bayern!" Kurze Zeit später ging im Volk das Gerücht um, der zweiundfünfzigjährige König sei der Aufregung über die „politischen Discussionen" mit Österreichs Erzherzog Albrecht im Vorfeld des Deutsch-Dänischen Kriegs, bei dem Preußen und Österreich gemeinsam Dänemark schlugen, nicht gewachsen gewesen.

Dem war sicher nicht so. Maximilian II., der trotz seines grundsoliden Lebenswandels und seiner regelmäßigen Spaziergänge eine labile Gesundheit hatte, war schon einige Tage zuvor erkrankt, der offiziellen Version nach an der Infektionskrankheit Rotlauf. Der Infekt war zunächst als nicht dramatisch erachtet worden. Als dem König am Morgen des 10. März die Sterbesakramente gereicht wurden, glaubte er noch immer nicht an seinen bevorstehenden Tod. Bis zehn Minuten vor seinem Ableben war er bei vollem Bewußtsein.

Ludwig eilte an das Totenbett seines Vaters. Als ihn dort ein Page erstmals mit „Majestät" ansprach, erbleichte der Achtzehnjährige. War jetzt er König? Oder würde vielmehr eine Konsequenz eintreten, auf die Maximilian II. in einem Schreiben von 1859 angespielt hatte? Darin wies der König seinen politisch völlig unbeschlagenen Sohn an, auf „den erfahrenen Rat des

Prinzen Carl", eines Bruders Ludwigs I., zu hören, falls ihm, dem König, etwas zustoßen sollte. Bahnte sich da etwa eine Regentschaft von Großonkel Carl an? Der österreichische Gesandte am Münchner Hof, Gustav Graf Blome, glaubte in der Tat „eine vielköpfige Intrige höherer Regionen" gegen den volljährigen Kronprinzen ausmachen zu können, ein Irrtum, wie sich kurze Zeit später herausstellen sollte. Das bayerische Erbfolgerecht regelte die Thronfolge eindeutig zugunsten Ludwigs. Am 11. März legte er im Sitzungssaal der Münchner Residenz den Königseid ab und sprach danach zu den ranghöchsten Untertanen seines Reiches: „Der allmächtige Gott hat meinen teuren vielgeliebten Vater von dieser Welt abberufen. Groß ist und schwer die mir gewordene Aufgabe. Ich baue auf Gott, daß er mir Licht und Kraft schicke, sie zu erfüllen. Treu dem Eide, den ich soeben geleistet, und im Geiste unserer durch fast ein halbes Jahrhundert bewährten Verfassung will ich regieren. Meines geliebten Bayernvolkes Wohlfahrt und Deutschlands Größe seien die Zielpunkte meines Strebens. Unterstützen Sie mich alle in meinen inhaltsschweren Pflichten." Die Worte und der Anblick des achtzehnjährigen Monarchen müssen einen tiefen Eindruck hinterlassen haben; etliche, die an dieser feierlichen Zeremonie teilgenommen hatten, waren, so ein Beobachter, zu Tränen gerührt.

Ähnlich ging es der Bevölkerung, die den blutjungen König zum ersten Mal am 14. März beim Begräbnis seines Vater sah. Der Trauerzug nahm nicht den direkten Weg von der Hofkapelle der Residenz zur nahen Theatinerkirche, wo Max II. beigesetzt wurde, sondern folgte einer Route, die in einem weiten Bogen durch die Stadt führte. Ludwig II., der die Uniform eines Obristen der bayerischen Infanterie trug, schritt zu Fuß hinter dem Sarg her. Die Münchner waren hin- und hergerissen: Einerseits empfanden sie Mitleid mit diesem bleichen, hohlwangigen Jüngling mit dem tränenschweren Antlitz; andererseits waren sie stolz auf den hochgewachsenen, schönen Mann, in dem sich das Traumbild vom idealen Herrscher zu erfüllen schien. Der Dichter Karl Heigel hielt für die Nachwelt fest: „Zunächst gewann der neue Fürst die Menge durch seine Schönheit. Es war, als hätte dieses Ereignis erst sie gereift. Wenigstens fiel sie allgemein so recht auf, als Ludwig barhäuptig dem Sarge seines Vaters folgte. Von den großen dunklen Augen und ihrem schwärmerischen Ausdruck waren zumal die Frauen bezaubert."

O ja, er war ein traumhaft schöner junger Mann; mit seinen Idealmaßen und bühnenreifen Auftritten wirkte er wie der perfekte Darsteller eines Königs. Mit einer Körpergröße von 1,91 Meter überragte er fast alle, die es trotz der strengen Etikette wagten, in Gegenwart Seiner Majestät ihr Haupt zu heben. Als er in Generaluniform und Königshermelin von Ferdinand Piloty gemalt wurde, gelang dem Künstler das Bildnis einer Sagenfigur. Dabei hatte Piloty noch nicht einmal übertrieben: Er sah tatsächlich einen jugendlichen Helden vor sich, einen gekrönten Gralsritter mit heiligen Visionen im Blick. Solche Gestalten liebte das Volk. Wenn schon König, dann sollte er auch fesch sein, schneidig und schön. Auf jenem Bild umschlossen weiße Reithosen hauteng die mächtigen Schenkel, mit denen er gewaltig voranschritt, wenn er denn zu schreiten hatte. Eine athletische Erscheinung, bis zum Hals ein Herkules im bayerischen Waffenrock. Weiter aufwärts wurde es zierlicher, denn Ludwigs Kopf stand nicht in einem idealen Verhältnis zu seinem mächtigen Körper; er war einfach zu klein. Diese Disproportion hatte er höchstwahrscheinlich von seinem Vater geerbt. Ludwig gelang es jedoch, sie zu kaschieren. Er trug sein dunkelbraunes, gewelltes Haar lang und seitlich stark toupiert, so daß ihm seine Frisur etwas Künstlerisches verlieh, einen dezenten Hauch von Boheme, der seine jugendliche Herrscherwürde charmant milderte. Die

Haarpflege war ihm ein höchst bedeutungsvoller Akt und der Coiffeur einer der wichtigsten Domestiken des Hofstaats. Täglich pflegte er über eine Stunde lang das Königshaupt. Dabei kam in aller Regel die Brennschere zum Einsatz, denn Ludwig hatte zu seinem eigenen Leidwesen nicht die Locken eines Engels, sondern prosaisch glattes Haar.

Der König sprach mit einer dunklen, sonoren Stimme, und wenn es irgendwie ging, teilte er sich auf französisch mit. In seinen Jugendjahren lachte er gern und häufig, doch das sollte sich ziemlich rasch legen, denn schon bald war sein Gebiß durch übermäßigen Genuß von Lakritz und Zuckergebäck derart marode, daß sich Seine Majestät nicht mehr traute, den Mund aufzumachen. Gleichwohl ließ er sich trotz aller Eitelkeit nicht die Zähne richten; meist griff er zu einem parfümierten Taschentuch, das er beim Sprechen vor den Mund hielt. Später ließ er sich einen Bart wachsen, der den Mund und das fülliger werdende Doppelkinn ein wenig kaschierte.

Eine eigentümliche Faszination ging von den Augen Ludwigs II. aus. Einige Zeitzeugen beschrieben sie als dunkelblau, nach Aussage anderer waren sie grau, stahlgrau. Der Dichter Peter Cornelius schwärmte von diesen Augen, daß man sie nur „schwer wieder verlassen konnte". Meist waren diese berühmten Augen himmelwärts gerichtet, als erblickten sie stets die gleiche überirdische Vision. Großvater Ludwig I. war von diesem heilandmäßigen Blick so angetan, daß er den Augen seines Enkels ein Sonett widmete. Die Schauspielerin Philomene Hartl-Mitius hatte bei einer Audienz einen etwas anderen Eindruck gewonnen: „Die großen, wunderschönen Augen des Königs glitten unstet umher ... Wenn sie sich aber momentan in die meinen versenkten, sah ich darin einen seltsamen Ausdruck: unheimlich, rätselhaft." Der Fürst Chlodwig zu Hohenlohe-Schillingsfürst schrieb nach einem Theaterbesuch, bei dem er den König gesehen hatte: „Er sah wohl aus. Mir kam es aber vor, als wenn er schon den mißtrauischen Ausdruck seines Vaters annehme." Ein erstes Zeichen?

*Ludwig II. von Bayern
in Generaluniform und Königshermelin,
ein Gemälde von Franz Piloty*

Ein Vierteljahr nach seiner Thronbesteigung kam es im Juni 1864 in Bad Kissingen zu einem Gipfeltreffen der gekrönten Häupter. Angereist waren außer Ludwig und seinem Bruder Otto Zar Alexander II. und Zarin Maria Alexandrowna sowie das österreichische Kaiserpaar Franz Joseph I. und Elisabeth, genannt „Sissi", eine Cousine des Bayernkönigs. Der hochgewachsene bayerische Fürst plauderte angeregt mit seinen mächtigen „Kollegen"; zu Ehren des Zarenpaares trug er eine russische Generaluniform. Es geht die interessante, freilich nicht belegbare Kunde, daß der junge Psychiater Dr. Bernhard von Gudden seinen König in Bad Kissingen gesehen, aber in der fremden Uniform nicht erkannt und folgendes Urteil über ihn gefällt habe: „Dieser General hat Anlage zum Wahnsinn, denn er hat seine Augen nicht unter Kontrolle." Derselbe Dr. Gudden sollte 22 Jahre später noch einmal – diesmal offiziell beauftragt – eine Stellungnahme zum Geisteszustand des Königs abgeben, eine Stellungnahme, die letztlich zum gemeinsamen Tod der beiden Männer im Starnberger See führte.

Ludwig ging zunächst mit großer Energie an seine neue Aufgabe. Herrschen wollte er, sein Land regieren, so wie es ihm sein Blut und seine Bestimmung mitgegeben hatten. Entgegen sonstiger Gewohnheit stand er morgens früh auf. Bereits gegen 8.30 Uhr empfing er seine Sekretäre; der gesamte Vormittag war vollgepackt mit Terminen. Um 12 Uhr gewährte er Audienzen, gegen 16 Uhr nahm er für gewöhnlich ein opulentes Mittagsmahl, aber wenig Alkohol zu sich. Auch danach gab sich Ludwig keinesfalls der Muße hin. Er arbeitete zügig weiter bis gegen 21 Uhr. Dieser Eifer sprach sich rasch herum. Die Ministerialbeamten waren beeindruckt von seinem Arbeitstempo – und von seiner Toleranz: Er war ein fleißiger, intelligenter und vor allem freundlicher König, der sich völlig natürlich und zwanglos zu unterhalten vermochte und für jeden ein gutes Wort übrig hatte. Einmal soll er sogar einem älteren seiner Leibgardisten ein Sofa beigeschafft haben, damit sich der gute Mann ein wenig ausruhen möge. So anteilnehmend und liebenswürdig präsentierte sich Ludwig II. in seinen ersten Regentenmonaten auch der Öffentlichkeit. Ob bei einer Militärparade hoch zu Roß oder in der Theaterloge – der junge König machte stets eine traumhafte Figur. Und wenn er bei der Fronleichnamsprozession baren Hauptes mit einer brennenden Kerze hinter dem „Himmel" herschritt, den Blick wie immer nach oben zum Firmament gerichtet, oder gar beim Oktoberfest 1864 im Sechsspänner vorfuhr und publikumswirksam am Bier nippte, dann brach das Volk in Jubelstürme aus: Die Liebe zu seinem Monarchen schien grenzenlos.

Doch was für ein König war Ludwig wirklich? Welche Machtbefugnisse hatte er, der sich selbst gern als absolutistischer Herrscher von Gottes Gnaden sah? War sein Wille tatsächlich Gesetz, wie es seine Erzieher ihm als Kronprinzen souffliert hatten? Ludwig II. stand an der Spitze einer konstitutionellen Monarchie; die bayerische Verfassung von 1818, die überdies nach der Revolution von 1848 im Sinne des bürgerlichen Liberalismus modifiziert worden war, ließ ihm nur wenig Spielraum für eigenständiges politisches Handeln. Unumschränkter Herrscher war er lediglich in seiner Phantasie und möglicherweise im Kreise seiner Lakaien. Die wahre Macht im Königreich Bayern hatte die Bürokratie, namentlich Ludwig Freiherr von der Pfordten, den Ludwig Ende 1864 zum Minister-

präsidenten bestellt hatte. Der selbstbewußte fränkische Berufspolitiker war damit gleichzeitig Vorsitzender des Ministerrates. Dieses Gremium regierte Bayern; der König war lediglich das Staatsoberhaupt mit eher symbolischer Macht, ein „Unterschreiber" von Erlassen und Verfügungen, wie seinerzeit Ludwig I. bei seiner Abdankung bitter bemerkt hatte. Er, der Großvater, wollte als König „nicht länger Sklave" seiner Regierungsbeamten sein, deshalb hatte er mit seinem Rücktritt „die Freiheit gewählt".

Ludwig II. reagierte bereits gegen Ende seines ersten Jahres als König ähnlich; nur entschied er sich nicht für den Amtsverzicht, sondern wählte die innere Emigration. Er sagte häufig die morgendlichen Vorträge der Sekretäre sowie Audienzen ab; der Schreibtisch sah

Schloß Hohenschwangau im Dämmerlicht.
Ludwig hat als Dreizehnjähriger
die Burg gezeichnet (links oben).

Arbeitszimmer von Ludwig II.
in Schloß Berg

ihn immer seltener. Graf Blome, Österreichs Botschafter in München, berichtete schon im Oktober 1864, also ein halbes Jahr nach Ludwigs Krönung, seinem Kaiser, der junge König sei noch „ein Problem; wunderliche Kontraste treten in seinen Handlungen hervor". Wann immer es möglich war, verließ Seine Majestät die Residenz zu München und suchte seine Schlösser auf, Berg am Starnberger See oder Hohenschwangau, das sein Vater restauriert und zu einer mittelalterlichen Burg umgestaltet hatte. Ludwig wußte genau, daß er nur so die wahren Machthaber treffen konnte. Sie brauchten ihn für die Abzeichnung von Dokumenten; und wenn er nicht anwesend war, dann wurde der ordnungsgemäße Ablauf der Geschäfte blockiert: Das Ministerium hing in der Luft. Freiherr von der Pfordten ermahnte seinen König 1865 eindringlich: „Ich halte es für höchst bedenklich, wenn Seine Majestät auf länger von hier weggeht. Ich kann

nur dringend bitten, daß der König jetzt seinem Berufe lebe, nicht bloß der Neigung." Das waren überdeutliche Worte, nur waren sie leider vergebens. Ludwig II. hatte um sich willfährige Höflinge und Flügeladjutanten geschart, die ihn durch ihr devotes Verhalten in seinem königlichen Selbstbewußtsein so sehr bestärkten, daß er glaubte, jeder seiner Wünsche, und sei er noch so außergewöhnlich, müsse sofort und unwidersprochen erfüllt werden. Statt zu regieren, ritt er aus. Ludwig Freiherr von Ompteda, Gesandter von Hannover, hielt im Sommer 1865 fest, daß der König überwiegend in Schloß Berg residiere: „Von verschiedenen Seiten erfahre ich übereinstimmend, daß Seine Majestät sich selbst von ihrer nächsten, persönlichen Umgebung fast ganz isoliere und hauptsächlich an langen scharfen Ritten, sogar an mehrtägigen Ausflügen zu Pferde im strengsten Inkognito und nur in Begleitung eines Reitknechtes Gefallen finde."

Andererseits wurden seine Bankette im Vergleich zu denen seines Vaters üppiger, die Speisen delikater. Maximilian II. hatte nach einem einfachen, strengen Tagesrhythmus gelebt; seine Tafel war überwiegend karg gedeckt gewesen; und es gibt sogar einige Aussagen, denen zufolge die jungen Prinzen nicht nur einmal hungrig ins Bett geschickt wurden. Ludwig hingegen führte, wie es sich für einen glühenden Nacheiferer des französischen Sonnenkönigs Ludwig XIV. auch gehört, französische Etikette ein. Die Gerichte wurden erlesener und raffinierter; es wurden schon mal Krebse in einer ausgefallenen Sauce aufgetischt oder französische Rezepte für Innereien übernommen. Darüber hinaus kochte man nun öfter mit exotischen Gewürzen wie Koriander, Safran und Vanille. Seine Majestät griffen, ebenfalls im Gegensatz zu seinem asketischen Vater, gern und gut zu. Dabei wurde freilich nicht jeder

seiner Gäste auch satt. Es war ein Gebot der Höflichkeit gegenüber dem König, sein Besteck zur Seite zu legen, sobald der seinen Gang beendet hatte. Da Ludwig ein sehr schneller Esser war und ihm überdies stets zuerst die Speisen serviert wurden, bekam mancher Gast kaum einen Bissen mit; denn wenn die Menüfolge ihn erreichte, war der König schon wieder mit seinem Gang fertig. Ludwig mag das anfangs sogar genossen haben, besonders wenn es sich bei den hungrigen Gästen um Minister seiner Regierung handelte. Mit ihnen saß er nur äußerst ungern zu Tisch. Bisweilen brüskierte er sie derart, daß er um seinen Platz große Tafelaufsätze stellen ließ, damit er die Regierungsmitglieder nicht zu sehen brauchte. Um sie auch nicht hören zu müssen, ließ er laute Musik spielen. Das war seine Art von Rache an den wahren Mächtigen seines Reiches.

Cajetan Schweitzer(1844 – 1913),
König Ludwig II. während seiner Thronrede.
Weißgehöhte Bleistiftzeichnung, die der Künstler
vermutlich als Vorlage für eine
(nie veröffentlichte) Illustration erstellte

Flusskrebse in Riesling

24 *lebende Krebse*

3 Schalotten

1 Möhre

1 Lauchstange

1 TL Kümmel

1 TL Senfkörner

10 Pfefferkörner

5 EL Sherryessig

Salz, Pfeffer

700 ml Riesling

50 g Butter

1 Bund gehackte Petersilie

Die Krebse unter fließendem Wasser gut säubern. Das Gemüse putzen und kleinschneiden. Einen großen Topf mit reichlich Wasser, Gemüse, Kümmel, Senf- und Pfefferkörnern und dem Weinessig zum Kochen bringen. Den Sud etwa 30 Minuten bei kleiner Hitze köcheln lassen. Nochmals aufkochen und die Krebse einlegen. Nach 5 Minuten salzen, mit Riesling aufgießen und die Krebse 10 Minuten bei milder Hitze gar ziehen lassen. Den Sud abgießen, die flüssige Butter mit gehackter Petersilie zu den Krebsen geben, mit Salz und Pfeffer abschmecken und gut untermischen. Die Krebse auf einer vorgewärmten Platte servieren.

Gebratene Kalbsnierchen

1 Kalbsniere
20 weiße Pfefferkörner
6 EL Pflanzenöl
1/2 Becher Sahne
200 ml Madeira
1 Spritzer Zitrone
Salz, 2 Zweige Estragon

Die Kalbsniere von Fett und Sehnen befreien und in ca. 3 cm dicke, mundgerechte Stücke schneiden. In dem Pfeffer, den man mit einem schweren Küchenmesser zerdrückt hat, wälzen und 3 Minuten unter ständigem Wenden in dem sehr heißen Öl braten. Hitze herunterschalten und weitere 5 Minuten in der Pfanne lassen. Nierchen mit einem Schaumlöffel herausnehmen, warm stellen und mit Zitrone beträufeln. Den Bratensatz mit Madeira und Sahne loskochen. Sauce eindicken lassen, mit gehacktem Estragon bestreuen und salzen.

ℋÜHNERFRIKASSEE IN SAFRANSAUCE

1 Suppenhuhn oder 1 Poularde
(etwa 2 kg)
1 Zwiebel
1 Lauchstange
1 Möhre
3 Stengel Staudensellerie
2 Tomaten
1 Zitrone
1 TL Wacholderbeeren
1 TL weiße Pfefferkörner
1 Gewürznelke
3 Knoblauchzehen

für die Sauce:
1 Zwiebel
1 Knoblauchzehe
3 EL Butter
1 Tasse Hühnerbrühe
200 ml süße Sahne
100 g Zuckerschoten
0,2 g Safran (kleines Döschen)
Salz, Pfeffer

Suppenhuhn oder Poularde in einen großen Topf legen. Das Gemüse gründlich waschen. Zwiebel, Tomaten und die Zitrone halbieren. Das restliche Gemüse in Stücke schneiden. Gemüse mit den Gewürzen und dem geschälten Knoblauch zum Geflügel in den Topf geben und so viel Wasser angießen, daß alles bedeckt ist. Unbedeckt langsam zum Kochen bringen, dann die Herdplatte auf die kleinste Hitze schalten. Nach etwa 2 Stunden das Geflügel aus der Brühe nehmen und abkühlen lassen. Das Fleisch von den Knochen lösen und in Würfel schneiden.

Für die Sauce Zwiebel und Knoblauch schälen und fein hacken. Butter in einer großen Pfanne erhitzen. Zwiebel und Knoblauch im heißen Fett andünsten. Brühe und Sahne angießen und etwa 15 Minuten köcheln lassen. In der Zwischenzeit die Zuckerschoten in kochendem Wasser blanchieren und kalt abschrecken. Dann das Fleisch in die Sauce geben, Safran und Zuckerschoten untermischen und erwärmen. Zum Schluß mit Salz und Pfeffer abschmecken. Als Beilage paßt Reis.

Ludwig II. und Richard Wagner

Am Anfang stand der Schwan, der schon in der griechischen Mythologie eine besondere Rolle spielte: Er war der heilige Vogel des Apoll, und Göttervater Zeus wohnte in der Gestalt des stolzen Tieres der schönen Leda bei. Das war es freilich nicht, was Ludwig II. so sehr am Schwan faszinierte, er ließ sich vielmehr von der germanischen Götter- und Sagenwelt verzaubern, in welcher der Schwan ebenfalls hohe Verehrung genoß. In Wolfram von Eschenbachs ‚Parzival‘ war aus ihm sogar ein heiliges Wesen geworden – eine Vorstellung, die Ludwig bereits als Kind mehr und mehr in den Bann zog: Lohengrin, der Sohn des Parzival, kommt in einem von einem Schwan gezogenen Nachen nach Brabant und verliebt sich in Elsa, die Herzogstochter, die alle bisherigen Bewerber um ihre Hand abgewiesen hat. In Lohengrin erkennt sie nun den Bräutigam, der ihr von Gott selbst gesandt wurde. Einzige Bedingung für die Eheschließung: Die Gemahlin dürfe ihn, Lohengrin, nie fragen, woher er komme. Das war für die neugierige Elsa zuviel. Als sie eines Tages trotz aller Versprechungen nicht widerstehen kann, nach seiner Herkunft zu fragen, scheidet Lohengrin von dannen, wie er gekommen ist – in einem Kahn, gezogen von einem weißen Schwan. Der edle Vogel bringt den Ritter zurück in seine Heimat zur Burg des heiligen Grals. Das war eine Geschichte so recht nach dem Geschmack Ludwigs, ein Stoff, aus dem auch königliche Träume sind. Ein solcher geheimnisvoller Schwanenritter wollte auch er sein, mußte er einfach sein. Hatte denn nicht sein Vater in der Alpenfestung Hohenschwangau, der restaurierten

Schloß Neuschwanstein, Ludwigs Gralsburg

Ruine Schwanburg, das Mittelalter wiedererstehen lassen? Und führten nicht auch die ehemaligen Burgherren derer zu Schwanburg, deren Geschlecht um 1536 ausgestorben war, einen Schwan im Wappen? Der Schwan, so sah es der junge Ludwig, würde sein Schicksal bestimmen.

Als Dreizehnjähriger hörte Ludwig von einem begabten Musikus namens Richard Wagner, an sich ein impertinenter Revolutionär, der in den unruhigen Jahren 1848 und 1849 in Dresden gegen die fürstliche Obrigkeit aufbegehrt und deshalb seine Stelle als Hofkapellmeister verloren hatte. Jedenfalls sollte dieser Wagner die Geschichte seines heiligen Lohengrin vertont haben. 1858 wurde die Oper in München uraufgeführt; Ludwig durfte jedoch nicht ins Theater, sein Vater hatte den Besuch verboten. Dafür schilderte seine Erzieherin Sybille von Mailhaus dem Thronfolger die sensationelle Aufführung, der Prinz war hingerissen. Zwei Jahre später schenkte ihm sein väterlich gesinnter Ausbilder Generalmajor Theodor Basselet Graf de la Rosée Richard Wagners Schrift ‚Oper und Drama‘, die der Knabe regelrecht verschlang. Am 2. Februar 1861 war es endlich soweit: Ludwig durfte in die Wiederaufführung des ‚Lohengrin‘. Der Kronprinz „vergoß darüber Tränen höchsten Entzückens“, wie sein Biograph Gottfried von Böhm festhielt, „er lernte in der Einsamkeit seines Zimmers und Parkes das Textbuch und die übrigen Dramen Wagners auswendig“. Neun Jahre später schrieb Ludwig seinem Idol, daß jene Aufführung den Keim gelegt habe „zu Unserer Liebe und Freundschaft bis zum Tod, von dort an ward der bald zur mächtigen Flamme werdende Funke für Unsere heiligen Ideale in mir entzündet“.

*Das königliche Wohnzimmer
in Neuschwanstein (oben)*

*Ludwig in seiner Lieblingsrolle
als Schwanenritter Lohengrin (rechts)*

König Ludwig II.
in der blauen Grotte zu Linderhof

Seit seinem ersten Opernbesuch verging kaum ein Tag, an dem sich Ludwig nicht mit Wagner beschäftigte oder an ihn dachte. Seine jugendliche Leidenschaft für das Werk wie für den Komponisten war vollends entfacht, nachdem der Prinz am 6. Februar 1864 die Aufführung der ‚Tannhäuser‘-Oper im königlichen Hoftheater gesehen hatte. Fortan beschäftigte nur noch ein Gedanke den Thronfolger: Wie lerne ich Richard Wagner kennen? Der hatte mittlerweile eine abenteuerliche Odyssee hinter sich; begleitet von Erfolgen, aber auch Rückschlägen und Skandalen, getrieben von seiner ruinösen Verschwendungssucht und verfolgt von unerbittlichen Gläubigern, war er über die Stationen Dresden, Venedig, Paris, Wien und Mariafeld bei Zürich schließlich in Stuttgart angelangt. Dort stöberte ihn am 3. Mai 1864 – Ludwig saß noch nicht einmal zwei Monate auf dem Thron – der Emissär der bayerischen Krone auf. Kabinettssekretär Franz Seraph von Pfistermeister war dem Musikdichter von Wien über Zürich nachgereist. „Bringen Sie mir Wagner nach München“, hatte Ludwigs Auftrag gelautet; es war, wenn man so will, seine erste Amtshandlung als König. Nun war es endlich geschafft, und Pfistermeister teilte dem gehetzten Komponisten, der in dem Fremden aus München zunächst einen besonders hartnäckigen Gläubiger wähnte, die mündliche Botschaft seines Herrn mit. Für Wagner muß es ein Wink des Himmels gewesen sein. Da bot ihm, mitten in der schwersten Krise seines Lebens, ein leibhaftiger König die Lösung aller Probleme an. Nein, er bot seine Hilfe nicht an, er bettelte vielmehr darum, sie gewähren zu dürfen, und ließ als Zeichen seiner offenbar grenzenlosen Verehrung sein Heldenporträt sowie einen kostbaren Ring als Geschenke überreichen. Wagner formulierte in einem Antwortschreiben seinen inneren Jubel über die Glücksfügung: „Teurer huldvoller König! Diese Tränen himmlischester Rührung sende ich Ihnen, um Ihnen zu sagen, daß nun die Wunder der Poesie wie eine göttliche Wirklichkeit in mein armes, liebebedürftiges Leben getreten sind! – Und dieses Leben, sein letztes Dichten und Tönen gehört nun Ihnen, mein

gnadenreicher junger König: verfügen Sie darüber als über Ihr Eigentum! Im höchsten Entzücken, treu und wahr Ihr Untertan Richard Wagner.“ Soweit der Originalton des Mannes, der im Mai des Jahres 1849 an der Seite des russischen Anarchistenführers Michail Alexandrowitsch Bakunin auf den Barrikaden von Dresden gegen die Herrscher des Königreichs Sachsen gekämpft hatte. Noch am gleichen Nachmittag reiste Wagner in Begleitung von Pfistermeister nach München. Keine 24 Stunden später standen sich die beiden bei einer Privataudienz in der Münchner Residenz gegenüber: der achtzehnjährige hypersensible Monarch, der sich als Schwanenritter von Gottes Gnaden sah, und der einundfünfzigjährige, ebenso empfindsame wie cholerische Künstler, der wie eine Windhose durch die schicksalsschwere germanische Mythologie und mittelalterliche Sagenwelt wirbelte. Man kann sagen, daß sich Ludwigs Leben ohne diese Begegnung in eine andere Richtung entwickelt und wahrscheinlich auch sein Ende anders ausgesehen hätte. Entsprechendes gilt für Richard Wagner und sein Werk. So bilden beide Personen zusammen eine Konstellation, die so unabänderlich scheint wie die zweier Fixsterne am Firmament: Ihre Beziehung wird selbst zum Mythos.

Nur Stunden nach dem Treffen schreibt Wagner, vor Freude ganz außer sich, seiner Bekannten Eliza Wille in die Schweiz: „Ich wäre der undankbarste Mensch, wollte ich Ihnen nicht sofort mein grenzenloses Glück melden! Sie wissen, daß mich der junge König von Bayern aufsuchen ließ. Heute wurde ich zu ihm geführt. Er ist leider so schön und geistvoll, seelenvoll und herrlich, daß ich fürchte, sein Leben müsse wie ein flüchtiger Göttertraum in dieser gemeinen Welt zerrinnen. Er liebt mich mit der Innigkeit und Glut der ersten Liebe; er kennt und weiß alles von mir und versteht mich wie meine Seele. Er will, ich soll immerdar bei ihm bleiben, arbeiten, ausruhen, meine Werke aufführen … Ich soll mein unumschränkter Herr sein, nicht Kapellmeister, nichts als ich und sein Freund … Alle Not soll von mir genommen sein, ich soll haben, was ich brauche – nur bei ihm soll ich bleiben.“

Ludwig schickt seinerseits dem Meister einen Brief: „Ich will Alles tun, was irgend in meinen Kräften steht, um Sie für vergangene Leiden zu entschädigen. – Die niedern Sorgen des Alltagslebens will ich von Ihrem Haupte auf immer verscheuchen, die ersehnte Ruhe will ich Ihnen bereiten, damit Sie im reinen Äther Ihrer wonnevollen Kunst die mächtigen Schwingen Ihres Genius ungestört entfalten können! Unbewußt waren Sie der einzige Quell meiner Freuden von meinem zarten Jünglingsalter an, mein Freund, der mir wie keiner zum Herzen sprach, mein bester Lehrer und Erzieher. Ich will Ihnen Alles nach Kräften vergelten. – O, wie habe ich mich auf die Zeit gefreut, dies zu tun! Ich wagte kaum die Hoffnung zu nähren, schon so bald im Stande sein zu können, Ihnen meine Liebe zu beweisen. Mit den herzlichsten Grüßen Ihr Freund Ludwig König von Bayern."

Der Tonfall der beiden Briefpartner könnte leicht zu Mißverständnissen führen. Zwar fühlte Ludwig sich zum eigenen Geschlecht hingezogen, Richard Wagner jedoch war ein ausgesprochener Frauenverehrer. Es

mag sein, daß der junge König und der alternde Künstler ein verbales homoerotisches Verhältnis hatten, aber gewiß nie ein homosexuelles. Die manierierte Ausdrucksweise, die gedrechselten Formulierungen waren eher Auswüchse ihrer romantischen Schwärmereien, denen kaum ein Gefühlssturm zu banal war. Es scheint, als wollten sich beide bei diesem intensiven Austausch von Schwülstigkeiten gegenseitig überbieten. Die verbalen Superlative überschlagen sich geradezu; fast hat man zuweilen den Eindruck, als wären hier zwei begnadete Satiriker am Werk. „Mein engelsgleicher Freund", schrieb Wagner. Der König antwortete darauf: „Wonne des Lebens! Höchstes Gut! Alles! Heiland, der mich beseligt!" oder: „Heißgeliebter, Angebeteter, Herr meines Lebens!" Wenn der Maestro seinem glühenden Verehrer eine neue Hymne schickte – „Welch Tiefe ruht in dieser Schönheit, welcher Ernst in diesem himmlischen Lächeln! Ja, von Gottes Gnaden! Du bist von Gottes Gnaden!" –, so antwortete Ludwig bisweilen mit einem selbstverfaßten Gedicht, das etwa so lautete:

Wandgemälde auf Neuschwanstein:
Sängersaal (oben) und Thronsaal (rechts)

Es weicht die Nacht mit ihren Zweifelsqualen,
Die dunklen Wolken nun zerteilt ein hehres Licht,
Und siegend sendest Du uns goldene Strahlen,
Wir seh'n auf Dich und wir verzagen nicht.
Wir schlürfen Wonnen wie aus lichten Schalen,
Dir treu stets beizusteh'n sei unsre Pflicht!
Schwer ist der Kampf, doch wolle nicht verzagen,
Es folgt der Sieg der Streitesmüh'n und Plagen!

Auch Wagner reimte zum Ruhme seines Herrn.
Nach einem mehrtägigen Aufenthalt mit Ludwig auf
Schloß Hohenschwangau schickte er dem König fol-
gende Verse:

Vereint wie mußt' uns hell die Sonne scheinen
durch bange Schleier, die das Sehnen wob:
der Trennung heut' wie muß der Himmel weinen
ob eines Glückes, das so schnell zerstob!
Wollt' uns des Tages Wonneglanz vereinen,
nun werde auch der Himmelsträne Lob!
Aus Sehnen, wie aus banger Trennungsklage
entblühten Hohenschwangau's Wonnetage.

Nach der Uraufführung von ‚Tristan und Isolde'
konnte Ludwig II. vor lauter Liebesfreud' und Herzeleid nur noch stammeln: „Einziger! – Heiliger! – Wie
wonnevoll! – Vollkommen. So angegriffen von Entzücken! – … Ertrinken … Versinken – unbewußt –
höchste Lust. – Göttliches Werk! – Ewig treu – bis über
den Tod hinaus!" Wagner komponierte seinem Jünger

einen Huldigungsmarsch und gab ihm schriftlich die leicht frivole Bestätigung: „Oh, mein König! Du bist göttlich!" – ein göttlicher Jungbrunnen gar für den ergrauten Musikus: „Du bist der holde Lenz, der mich neu schmückte, der mir verjüngt der Zweig' und Äste Saft!" Der Meister fühlte sich von seinem König derart beflügelt, daß er mit Cosima, der Ehefrau seines aus Berlin berufenen Dirigenten Hans Guido Freiherr von Bülow, ein Liebesverhältnis begann und ihr ein Kind zeugte, was Ludwig dann doch ein wenig irritiert haben muß. Immerhin heiratete der Komponist später seine Geliebte, eine Tochter des berühmten Kollegen Franz Liszt. Cosima Wagner wurde nach dem Tod ihres Mannes zur Gralshüterin seines Werkes.

Man wird kaum behaupten können, daß Wagners Genie auf ein wirklich kongeniales Verständnis bei Ludwig stieß. Trotz all seiner Begeisterung und emotionalen Hingabe an das Werk des verehrten Meisters war der König nicht sonderlich musikalisch. Sein Kabinettssekretär Pfistermeister schilderte, wie er den König einmal nackt im Badezimmer gesehen habe, als dieser mit beiden Händen auf das Wasser in der Wanne einschlug und dabei behauptete, dieser Takt erinnere ihn an das Schlußmotiv von ‚Tristan und Isolde', wo Isolde vor ihrem toten Geliebten steht. Ein ehemaliger Musiklehrer drückte es drastischer aus: Er nannte den Tag, an dem er Ludwig die letzte Klavierstunde gab, einen Glückstag, weil sein Schüler das echte Talent hatte vermissen lassen. Selbst der Busenfreund Richard Wagner mußte enttäuscht feststellen: „Der König ist ganz unmusikalisch und nur mit einem poetischen Gemüt begabt." Dieses war es wohl auch, was ihn dazu befähigte, ganz in Wagners Musik zu versinken. Nur zu versinken? Zuweilen erregten ihn Aufführungen von Wagners Werken so stark, daß sein Körper in unkontrollierte Zuckungen geriet.

Wenn es je einen Menschen gegeben hatte, der ausgiebig zu Gast bei König Ludwig II. gewesen war und seine Großzügigkeit in vollen Zügen genossen hatte, dann war es Richard Wagner. Endlich hatte der Sachse den Mäzen gefunden, der bedingungslos gewillt war,

seine überaus prekäre finanzielle Situation zu bereinigen. Ludwig bewilligte Wagner zunächst ein stattliches Jahresgehalt von 4000 Gulden, was ungefähr dem Einkommen eines hohen Regierungsbeamten unterhalb der Ministerebene entsprach. Wagner hatte davon Verbindlichkeiten wie Schuldentilgung und Unterhaltszahlung für seine erste Frau zu erfüllen; es blieben ihm noch etwa 2000 Gulden, daher wurde nach einem halben Jahr sein Gehalt um 25 Prozent auf 5000 Gulden erhöht. Das war freilich nicht alles: Ludwig gestand dem Künstler 4000 Gulden Umzugszuschuß sowie als Geschenk weitere 16000 Gulden zu. Am 7. Oktober 1864 traf der König mit Richard Wagner eine Abmachung, der zufolge die Vollendung und Aufführung der Mammutoper ‚Ring des Nibelungen' innerhalb von drei Jahren realisiert werden sollte. Wagner erhielt abermals 30000 Gulden, dafür trat er die Eigentumsrechte an Ludwig II. ab.

Diese Kosten, die Ludwig aus seinem Hofetat vergütete, waren alles andere als geringfügig; aber sie wirkten geradezu lächerlich angesichts dessen, was der königlichen Kasse noch an Ausgaben durch die große Vision Ludwigs drohte: Wie seine Vorfahren wollte auch er sich mit monumentalen Bauwerken in München verewigen. Für die Aufführung des ‚Rings' plante er die Errichtung einer Festspielhalle am Isarhochufer. Zu der sollte von den Tempelbauten des Königsplatzes eine Prachtstraße durch die gesamte Innenstadt und über eine noch zu errichtende Isarbrücke führen – die gigantische Auffahrtsallee zu einem Tempel auf den Gasteighöhen. Wagner war in seinem Element. Er hatte sofort den idealen Baumeister parat: Gottfried Semper, den Freund aus gemeinsamen revolutionären Tagen in Dresden, wo der Architekt beim Barrikadenkampf als Scharfschütze mitgemacht hatte. Er konzipierte ein antikes Theater-Kolosseum für den Festspielbau; der König sah das Modell und war sofort begeistert. „Also Semper entwirft den Plan zu unserem Heiligtum ... Der Himmel steigt für uns auf die Erde herab!" schrieb er Wagner. Und er fügte hinzu: „Ich sehe unser ersehntes Gebäude vor mir stehen in all seiner Pracht, die sich

*Drei Architekten von Träumen:
Ludwig II., Richard Wagner und der
Baumeister Gottfried Semper (links)
vor dem Modell eines
Festspieltheaters für München*

auftürmenden Bögen der Sitze, die Säulenreihen, sehe das Volk ahnungsvoll vor dem Allerheiligsten von Wonneschauern durchbebt; es ertönen die mystischen Töne – es steigt der Vorhang, und nun entrollt sich vor unseren Seelen und Blicken die Handlung, das herrliche Drama: ich sehe die Götter und Helden vor mir, den Fluch des Ringes sich erfüllen … O Wonne des Gedankens, Alles wird erfüllt werden, mir sagt es der Geist. – O Mut, Mut, mein Freund, mein Alles!" Auch

Semper erhielt einen königlichen Brief: „So vereinigen sich nun der größte der Architekten und der größte der Dichter und Tonkünstler ihres Jahrhunderts, um ein Werk zu vollführen, welches dauern soll bis in die spätesten Zeiten, zum Ruhm der Menschheit." Es hat jedoch nicht sollen sein, der kühne Plan wurde nicht ausgeführt, und die Münchner Stadtväter schauen noch immer traurig nach Bayreuth, wo sich Jahr für Jahr die Wagnergemeinde aus aller Welt im tatsächlich

„Haltet den Räuber, rettet das Gold!
Hülfe! Hülfe! Wehe! Wehe!"
(Szene aus ,Das Rheingold')

„Wer meines Speeres Spitze fürchtet,
durchschreite das Feuer nie!"
(Wotan zur Walküre, aus ,Die Walküre')

errichteten Festspielhaus trifft und reichlich Devisen mitbringt. Auf fünf Millionen Gulden waren die Kosten des Projekts geschätzt worden, eine Summe, die einfach zu hoch war für das Budget des Monarchen. Und die Staatskasse rückte nichts heraus. Ludwig war bitter enttäuscht und verlor daraufhin weitestgehend das Interesse an seiner Residenzstadt. Semper reiste verärgert ab und baute später in Dresden jenes Opernhaus, das weltberühmt werden sollte, das schönste deutsche Theater. Nur Wagner nahm das Scheitern ihrer Pläne mit Gleichmut hin. Er wußte, daß die enormen Bausummen ihm nicht mehr genügend Spielraum

für die Verwirklichung anderer Pläne gelassen und ihn eingeengt hätten. Außerdem spürte er instinktiv, daß sein Aufenthalt in München ohnehin nur von begrenzter Dauer sein würde, denn der Widerstand gegen den selbstherrlichen Tondichter von seiten der Presse, der Beamten und Minister, aber auch des Volkes wurde immer massiver.

Richard Wagner ließ in der Tat auch nichts aus, um Neid und Mißgunst zu schüren. Er residierte wie ein Fürst in einer feudalen Stadtvilla an der Brienner Straße, der Champagner floß reichlich, und er machte aus seinem immensen Einfluß auf den König keinen

Siegfried lauscht dem Waldvogel,
nachdem er den Drachen erschlagen hat.
(Szene aus ‚Siegfried‘)

„So werf' ich den Brand
in Walhalls prangende Burg."
(Brünnhilde in der ‚Götterdämmerung‘)

Hehl. Während Minister und Hofbeamte um Audienzen und Termine bei Ludwig betteln mußten und oft abschlägig beschieden wurden, kam und ging Wagner, wie es ihm beliebte. In der Öffentlichkeit verfestigte sich der Eindruck: Wagner pfeift, der König tanzt! In Anlehnung an die kapriziöse Geliebte Ludwigs I., Lola Montez, die mitverantwortlich gewesen war für die Abdankung des Königs, wurde der Komponist in den Bierkellern und Weinstuben Münchens nur noch „Lolus" genannt. Immer wieder kam er mit neuen finanziellen Forderungen; schließlich verlangte er, der seit „Monaten unerträglich" leide, weitere 40 000 Gul-

den, die unabdingbar seien für sein künftiges Gedeihen als Künstler. Sein entsprechendes Schreiben an den König war ungewohnt prosaisch: „Lassen Sie mir widerwärtige und unpassende Contractweitläufigkeiten ersparen: Schenken Sie königlich, und überlassen Sie es meinem Gewissen, wie ich dereinst dies königliche Vertrauen erwidere!" Ludwig reagierte nicht wie gewohnt, nämlich sehr zögerlich; sein Kabinett war strikt gegen die Auszahlung dieser hohen Summe, schließlich erfüllte Ludwig doch noch Wagners unverfrorene Forderung. Dem Komponist wurde mitgeteilt, daß er sein Geschenk an der königlichen Kabinettskasse abholen könne. Der erkrankte Wagner schickte seine Geliebte Cosima von Bülow. Sie bekam Bares ausgehändigt – in klingender Münze; die schweren Geldsäcke wurden in zwei Wagenfuhren in Wagners Villa gebracht. Dieser außergewöhnliche Geldtransport sprach sich schnell herum, was auch in der Absicht der Hofbeamten gelegen hatte. Der Spott gegen Wagner schlug in offenen Haß um; selbst Ludwig I. verurteilte die bedingungslose Freundschaft seines Enkels zu dem sächsischen Musikus.

Wagner versuchte erst gar nicht, die Stimmung gegen sich zu entschärfen. Im Gegenteil: Er polemisierte in aggressiver und arroganter Manier gegen seine Widersacher, deren Rädelsführer er in Ludwigs Kabinett glaubte ausmachen zu können. Daher verlangte er die Entlassung der Ministerrunde, vor allem des Hofsekretärs Hofmann sowie des Kabinettssekretärs Pfistermeister. „Mime" und „Fafner" nannte er die beiden nach den Finstergestalten aus seiner Oper ,Rheingold'. Ludwig antwortete: „Jubelnd und mutentbrannt will ich dem tückischen Mime und Fafner entgegeneilen, unter Jauchzen will ich sie besiegen. Ja, mein Geliebter, jene können Ihnen nicht an, Sie sind sicher unter meinem Schutze." Platzhirsch Wagner sah sich bereits als strahlender Sieger und einflußreicher Politiker im Königreich Bayern. Als er vom König die Wiedereinsetzung des Innenministers Max von Neumayr forderte, entwickelte sich die Affäre Wagner zur Staatsaffäre. Der ,Neue Bayerische Courier' nahm sich des Falls an: „Das geringste Übel, das dieser Fremdling über unser Land bringt, läßt sich in bezug auf seinen unersättlichen Appetit nur mit monatelang die Sonne verfinsternden Heuschreckenschwärmen vergleichen. Dieses schreckliche Bild einer Landplage aus pharaonischen Zeiten ist aber noch gar nichts gegen das Unheil, welches dieser sich maßlos überschätzende Mensch anstiften muß, wenn er statt Zukunftsmusik auch noch Zukunftspolitik treiben kann ... Der Barrikadenmann von Dresden, der einst an der Spitze einer Mordbrennerbande den Königspalast in Dresden in die Luft sprengen wollte, beabsichtigt nunmehr, den König all-

mählich von seinen Getreuen zu trennen, deren Plätze mit Gesinnungsgenossen zu besetzen, den König zu isolieren und für die landesverräterische Idee einer rastlosen Umsturzpartei auszubeuten." Wagner konterte auf den Rat Cosimas hin in einem anonymen Artikel in den Münchner ,Neuesten Nachrichten': Er beschimpfte in „heiligem Zorn" erneut Kabinett und Sekretariat des Königs und forderte die Absetzung von mehreren Personen, die „nicht die mindeste Achtung im bayerischen Volke genießen".

Der Eklat war jetzt nicht mehr zu vermeiden. Am 6. Dezember 1865 stellte der Ministerrat dem zwanzigjährigen Monarchen ein gnadenloses Ultimatum: Entweder Wagner geht, oder das Ministerium tritt zurück! Auch Wagners Kandidaten verspürten keine Lust, bei einer Übernahme der Regierungsgeschäfte von der launischen Gnade des Komponisten abhängig zu sein. Max von Neumayr stellte klar, daß er nicht zur Verfügung stünde; der König war hilflos. Er holte sich Ratschläge bei seinem Großonkel Carl Theodor, beim Erzbischof von München-Freising, sogar bei seiner Mutter. Von allen hörte er: Wagner muß weg! Der Polizeichef erklärte überdies, er könne für Ludwigs Sicherheit nicht mehr garantieren. Und Großvater Ludwig I., gereift durch eigene Erfahrungen, ließ verlauten, die Münchner würden bei Lolus wie einst bei Lola das Nötigste schon selber tun. Damit stand der König im Platzregen. Er erkannte, daß ihn Wagner den Thron kosten konnte. Noch am selben Tag verfügte er: „Mein Entschluß steht fest – R. Wagner muß Bayern verlassen. Ich will meinem teuren Volke zeigen, daß sein Vertrauen, seine Liebe mir über alles geht." Diese Botschaft wurde dem „teuren Freund" sofort zugestellt. Der bekam einen Tobsuchtsanfall, mußte sich aber fügen, und nun mahlten die Mühlen der bayerischen Bürokratie unerbittlich gegen Wagner. Ludwig schrieb wieder einen Brief, in dem er dem hochverehrten Meister ewige Liebe schwor: „Verkennen Sie mich nicht, selbst nicht auf einen Augenblick; es wäre eine Höllenqual für mich. Heil dem geliebten Freunde!" Doch das vertrauliche „Du", in dem sich so etwas wie

Ludwig II. auf dem Balkon des Thronsaals
von Neuschwanstein,
Gemälde von Ferdinand Leeke

Ludwig in der Hundinghütte, seinem germanischen Refugium

eine Gleichberechtigung bekundete, fehlte. Bei allen gemeinsamen poetischen Schwelgereien, bei allen honigsüßen Einschmeichelungen auch, die Wagner so gekonnt vorzutragen wußte, hatte Ludwig II. niemals vergessen, daß es in Bayern nur einen einzigen Menschen von Gottes Gnaden gab, der so hoch über allen anderen Sterblichen schwebte: Er, der König!

Am 10. Dezember kehrte Richard Wagner Bayern den Rücken und ließ sich zunächst in Genf, dann in Tribschen am Vierwaldstätter See nieder. Die Jahresmiete seines neuen Domizils zahlte ihm selbstredend Ludwig: 5000 Gulden. Auch das Münchner Jahresgehalt, das zum Abschied auf 8000 Gulden angehoben

worden war, erhielt Wagner weiter. Außerdem durfte er die Hoffnung auf eine baldige, triumphale Rückkehr hegen, denn Ludwig hatte geschrieben: „Die Menschen werden Vernunft annehmen, die schäumenden Wogen werden sich legen; dann – o hehrer Tag – wird die strahlende Sonne mit mächtigem Glanz hervorbrechen und siegen! Alles wird ihr zujauchzen, im Staube sie verehren!" Richard Wagner war damit keineswegs aus Ludwigs Leben verschwunden. Der König besuchte ihn unter falschem Namen, als Walther von Stolzing (so heißt ein Ritter in den ‚Meistersingern von Nürnberg'), in der Schweiz; mit der üblichen großen, dramatischen Geste bot Ludwig ihm an, auf die Krone zu verzichten und fortan nur bei ihm, dem „innig Geliebten", zu leben. Das konnte Wagner auch nicht recht sein, denn ein abgedankter König wäre kein besonders guter Finanzier. Er inszenierte lieber neue Machtspielchen.

Vor der Uraufführung von ‚Rheingold' weigerte er sich nach München zu kommen; an seiner Stelle sollte Hans Richter die Oper dirigieren. Der aber „verhaute" eine Hauptprobe und wollte nicht mehr weiterarbeiten. Andere Dirigenten von Rang sagten ab, weil sie den Bannfluch des grollenden Alten in der Schweiz fürchteten. Da platzte dem König der Kragen: Wutentbrannt teilte er seinem Hofsekretär Düfflipp den schriftlichen Befehl mit: „Wahrhaft verbrecherisch und schamlos ist das Gebaren von Wagner und dem Theatergesindel; es ist dies eine offenbare Revolte gegen Meine Befehle ... Richter ist augenblicklich zu entlassen. Es bleibt dabei!" In dieser Situation bequemte sich der „Kompositeur" doch nach München und versuchte seinen Freund Richter erneut einzusetzen. Gleichzeitig bedrohte er Franz Wüllner, der mittlerweile die Dirigentenrolle übernommen hatte: „Hand weg von meiner Partitur! Das rat ich Ihnen, Herr, sonst soll Sie der Teufel holen!" Es war nur Theaterdonner. Wüllner gelang tatsächlich am 22. September 1869 eine triumphale Uraufführung, und Ludwig schrieb Wagner wieder einen „liebevollen" Brief: „Ach Gott, die Begierde, Ihr gottvolles Werk zu hören, war so mächtig, so unbezwinglich ... Nun verdammen Sie mich!" Ein ähnliches Procedere spielte sich im folgenden bei der Premiere der ‚Walküre' ab: Erst die Götterdämmerung, dann der tosende Jubel.

Das in München gescheiterte Projekt eines pompösen Festspielhauses wollte Wagner nun in Bayreuth realisieren. 1871 verlangte er von König Ludwig die Pläne und Aufzeichnungen Sempers, und weil er schon mal beim Thema war, bat er auch gleich um eine finanzielle Garantie. Das Hofsekretariat lehnte ab, und auch Ludwig sträubte sich zunächst gegen das Projekt, willigte dann aber doch ein, nachdem ihm Wagner mitgeteilt hatte, er müsse wegen Geldmangels nun leider auf die Aufführung des ‚Rings' ganz verzichten. Entsetzt

schrieb der König am 25. Januar 1874 zurück: „Nein, nein und wieder nein! So soll es nicht enden! Es muß da geholfen werden! Es darf Unser Plan nicht scheitern!" Und er übernahm schließlich eine Bürgschaft in Höhe von 216 152 Mark für die Finanzierung des gewaltigen Vorhabens – ohne Ludwig II. gäbe es nicht das Festspielhaus Bayreuth. Wagner antwortete: „Oh, mein huldvoller König! Blicken Sie nur auf alle deutschen Fürsten, so erkennen Sie, daß nur Sie es sind, auf welchen der deutsche Geist noch hoffend blickt." Zweieinhalb Jahre später, Anfang August 1876, nahm Ludwig an den Generalproben seines mit heißem Herzen ersehnten ‚Ring des Nibelungen' teil. Sein Verhalten war zu dieser Zeit tatsächlich schon ziemlich befremdlich: Als ihm nach der ‚Siegfried'-Probe die Sänger im Park der Eremitage ein Ständchen bringen wollten, mußten sich die singenden Künstler hinter Bäumen und Büschen verstecken. Die Freude des Königs wurde ein wenig gedämpft durch den Besuch des Kaisers aus Berlin, den er trotz der verwandtschaftlichen Bande nicht ausstehen konnte. Erstens hatte sich Wilhelm I. nicht an den Kosten für Bayreuth beteiligt und nach der Aufführung ein schonungsloses Urteil über das große Werk Wagners abgegeben: „Ich finde es abscheulich." Zweitens hatten die fränkischen Untertanen dem preußischen Monarchen euphorisch zugejubelt und zum Takt des „Kaisermarsches" einen Fackelzug veranstaltet. Zwar wurde auch Ludwig nach der Generalprobe des ‚Rheingold' gefeiert; doch diese Art von Jubel mochte er schon lange nicht mehr. Nach seiner Abreise – die Uraufführung hatte er gar nicht mehr abgewartet – schrieb er Wagner aus Hohenschwangau: „Sie sind ein Gottmensch, der wahre Künstler von Gottes Gnaden, der das heilige Feuer vom Himmel auf die Erde brachte, um sie zu läutern, zu beseligen, zu erlösen." Das war nach Jahren der Zurückhaltung endlich wieder der alte vertraute, von himmelstürmender Euphorie getragene Tonfall. Zwar kam der König noch einmal Ende August 1876 zur Uraufführung des dritten ‚Ring'-Zyklus zurück, danach aber war ihm die Stadt endgültig vergällt. Zu sehr hatten ihn die unkontrollierten Zuckungen des neben ihm sitzenden Wagner sowie das „Ovationsgebrüll" des Publikums vor seiner Loge gestört.

Ludwig II. und Richard Wagner sahen sich zum letzten Mal 1880 bei einer Seperatvorstellung des ‚Lohengrin'. 1883 starb Wagner in Venedig. Ludwig war fassungslos. Er ließ in München sämtliche Werke des Komponisten aufführen – und blieb allen öffentlichen Veranstaltungen fern. Er wollte seine Trauer und Verzweiflung mit niemandem teilen. In einer ihm allein vorbehaltenen Aufführung des ‚Rings' nahm er Abschied von seinem toten Freund, der sein Leben so stark beeinflußt hatte, daß er gar nicht mehr richtig wußte, ob es noch sein eigenes war. Doch die erste, für ihn höchste Aufgabe, die hatte er perfekt gelöst: „Den Künstler, um welchen jetzt die ganze Welt trauert, habe ich zuerst erkannt, habe ich der Welt gerettet." König Ludwig II. verharrte im Bannkreis von Richard

Wagners Germanen-Mythos; und er unternahm so manche bizarre Anstrengung, ihn als Kult am Leben zu erhalten. In der Nähe von Schloß Linderhof ließ er um eine tausendjährige Esche ein mächtiges Holzhaus bauen, eine germanische Thing-Stätte: die Hundinghütte. Dort wurden jene merkwürdigen Rituale abgehalten, über die dann allerlei Gerüchte im Land kursierten und die schließlich auch mit als Belege für die Weltentrücktheit und Verschrobenheit des Königs dienten: Im gewaltigen Stamm der Esche steckte ein Schwert – Siegfrieds Notung. Das zuckende Licht des offenen Feuers, über dem Wildbret brutzelte, beleuchtete eine seltsame Szenerie: Auf Bärenfellen lagerten Germanen, allesamt junge Bauernburschen aus der Umgebung. Man trank Met aus Hörnern und blickte finster drein. Ein Bild wie aus einer Wagner-Oper. Und mitten im Kreis seiner letzten Getreuen der König Siegfried, der Nibelungenheld alias Ludwig II.

Das Festspielhaus in Bayreuth,
Aquarell von Susanne Schinkel
aus dem Jahr 1876

Baiser-Schwäne
MIT VANILLEEIS AUF HIMBEERSAUCE

Zutaten
für 8 Schwäne:

150 g Eiweiß
150 g Zucker
1 Prise Salz
Tiefkühl-Himbeeren
(1 Packung)
40 ml Himbeergeist
3 TL Zucker
1 l Vanilleeis

Für die Schwäne die Eiweiße mit 50 g Zucker steif schlagen, dann die Prise Salz und den restlichen Zucker unterrühren. Mit einer Spritztülle Flügel und Hälse der Schwäne auf Pergamentpapier spritzen und im 70 Grad heißen Ofen einige Stunden trocknen lassen (Gas: kleinste Stufe). Für die Sauce die Himbeeren auftauen, mit dem Mixstab pürieren und durch ein feines Sieb streichen. Himbeergeist und Zucker unterrühren. Die Himbeersauce auf Teller verteilen. Aus Vanilleeiskugeln die Körper der Schwäne formen und die Baiserflügel und -hälse anbringen, schnell servieren.

DINER
DE SA MAJESTÉ
LE ROI

MAJESTÄT TISCHT AUF

Es war prächtig angerichtet – aber vielleicht ist „prächtig" nicht einmal das angemessene Wort: Es war ein wahrhaft majestätisches Schauspiel, das hier geboten wurde, mit einem Bühnenbild, das auch für eine Wagner-Oper nicht hätte opulenter ausfallen können. Gegeben wurde ein besonderes Stück, ein Märchen: die schauderhaft-schöne Prunkentfaltung eines Königtums von Gottes Gnaden.

Man schrieb den 30. April 1873. Ludwig II. von Bayern hatte zum festlichen Hochzeitsbankett anläßlich der Vermählung des Wittelsbacher Prinzen und Königscousins Leopold von Bayern mit Erzherzogin Gisela, der Tochter des österreichischen Kaisers Franz Joseph, geladen. Ort des Geschehens: die Münchner Residenz, der Zeitpunkt: vier Uhr nachmittags. Hunderte von Lüsterkerzen erleuchteten den Hofballsaal, die Fensterseite war mit großflächigen Wandteppichen, Palmen und Blumen reich geschmückt. Linker und rechter Hand hatten hochdekorierte königlich-bayerische Offiziere in Galauniform Position bezogen, die Frontseite schirmten hellebarden- und schwertbewehrte Gardisten ab; ihre von Löwen gekrönten Helme funkelten im Kerzenschimmer.

Hinter diesem martialischen, in seiner Protzigkeit fast lächerlich wirkenden Kordon standen ehrfürchtig handverlesene Untertanen aus dem Münchner Bürgertum. Stumm starrten sie auf das Schauspiel, das vor ihren staunenden Augen ablief. Am Bankettisch auf einer dreistufigen Estrade hatte neben dem Brautpaar die hochadlige Hochzeitsgesellschaft – die Damen im

Manteau de la Cour, die Herren in Hofgala – Platz genommen, den Vorsitz führte der König; er thronte unter einem etwa fünf Meter hohen Baldachin. Gebannt verfolgte das versammelte Publikum die Tischkonversation der hochwohlgeborenen Gäste. Dann sprach Ludwig II. das Dankgebet, und die Zuschauer wurden wieder an die frische Luft geführt. Beim exquisiten Festmenü wollten Majestät und ihre Verwandtschaft dann doch lieber unter sich sein. Lediglich einige verdiente Offiziere und das Heer der Domestiken durften miterleben, wie umständlich, geradezu beschwerlich es bisweilen an des Königs Tafel zuging. Das Hofprotokoll jenes Festtages vermerkt:

„Dem Bankett-Tische gegenüber stehen der königliche Obersthofmarschall mit dem Amtsstabe; hinter ihm der Hoffourier vom Dienst. Die Musikcorps spielen Fanfaren, unter deren Klängen die Allerhöchsten und Höchsten Herrschaften den Saal betreten ... Während die Allerhöchsten und Höchsten Herrschaften und die Damen Ihre Plätze einnehmen, gibt der königliche Obersthofmarschall Hut und Stab an den Hoffourier ab, tritt an den Service-Tisch und legt die Suppe vor, welche von königlichen Edelknaben dem Kammerdienste, und von diesem für Seine Majestät den König dem königlichen Oberstkämmerer, für die Höchsten Herrschaften den betreffenden Hofchargen übergeben wird, welche servieren.

Nach der Suppe tritt der königliche Obersthofmarschall an den Schenktisch, kostet von dem Weine, welchen die königlichen Edelknaben hierauf an die königliche Tafel tragen, wo derselbe den Allerhöchsten und Höchsten Herrschaften in der Weise, wie die Suppe, serviert wird. Seiner Majestät dem Könige wird der

Prunkvolle Druckvorlage,
in die der Leibkoch Rottenhöfer die Menüfolge eintrug

Wein vom königlichen Obersthofmarschall gereicht, welcher sich nach dieser Funktion auf seinen Platz begibt und Hut und Stab übernimmt. Seine Majestät der König erheben Sich und trinken auf das Wohl der Durchlauchtigsten Neuvermählten. Die Musikcorps blasen Tusch und nach demselben spielt das Musik-corps über dem Eingang die österreichische National-Hymne. Hierauf geben Seine Majestät der König ein Zeichen, nach welchem der Service vom königlichen Kammerdienste übernommen wird und die Hofchar-gen die Estrade verlassen, auf welcher nur der Ca-pitaine des Gardes, der königliche General-Adjutant und Kammerdienst zurückbleiben. Die Musikcorps spielen abwechselnd ohne Pausen während des ganzen Banketts.“

All diesen Widrigkeiten zum Trotz – das Menü, das die königliche Hofküche vorbereitet hatte, wurde dem festlichen Anlaß in vollem Maße gerecht. Das Diner de Sa Majesté Le Roi bestand aus neun Gängen:

∞

Schildkrötensuppe
Frische Gänseleber
Rheinlachs à la Birnaise
Ochsenfilet mit grünen Böhnchen
Getrüffelte Boudins (Blutwürstchen)
Rehtournedos mit Spargel und Pommes
à la Fontage
Portugiesischer Kuchen
Verschiedene Eissorten
Ananas-Kompott

∞

Dazu wurden die folgenden Weine gereicht: Sherry, ‚Château d'Yquem‘, Champagner ‚Veuve Cliquot‘,

Festliches Hochzeitsbankett für Leopold von Bayern und Gisela von Österreich am 30. April 1873 in der königlichen Residenz (vorhergehende Doppelseite)

Bordeaux ‚Château Lafite‘, Rheingauer ‚Steinberger Riesling Cabinet‘ 1862. Anschließend gab es Anisette-Likör und für die Damen Chartreuse.

Nach dieser opulenten Speisen- und Getränkefolge müßte sich selbst bei einem König und seinem edlen Gefolge eine gewisse Entspannung im Auftreten be-merkbar machen, sollte man meinen. Doch der Abgang der noblen Hochzeitsgesellschaft war protokollarisch ebenso streng geregelt wie der Beginn des Banketts:

„Wenn die Allerhöchsten und Höchsten Herrschaf-ten Sich erheben, treten die Oberhofmeisterinnen auf die Estrade, um die Schleppen der Manteaus zu über-nehmen. Ebendahin verfügen sich die Hofchargen, um Hüte und Handschuhe zu übergeben. Der königliche Prodekan tritt an die Stufen der Bankett-Estrade und spricht ... das Dankgebet, nach welchem Seine Ma-jestät und Ihre königlichen Hoheiten unter den Klän-gen des großen Dienstes und gefolgt von den dienst-tuenden Damen und anwesenden Herren und Damen der ersten Hofrangesklasse nach dem Saale Karls des Großen Sich zurückbegeben, wo die Herren und Da-men der ersten Hofrangesklasse, welche dem Bankett angewohnt haben, und die Herren und Damen des großen Dienstes, welche an diesem Tage nicht persön-lich Dienst haben, nach dem cercle entlassen werden. Wenn die Allerhöchsten und Höchsten Herrschaften den Saal Karls des Großen verlassen, übernimmt der persönliche Kammerdienst mit königlichen Edelkna-ben, wie bei der Ankunft, die Cortegirung durch den Habsburg- und Thronsaal nach der Kaisertreppe, von welcher die Abfahrt stattfindet.“

Ludwig verstand sich als Monarch von Gottes Gna-den, als ein auserwähltes Wesen, das weit über dem Rest der Menschheit schwebt. Folglich war ihm seine Umgebung mehr als nur Respekt schuldig. Sie hatte vor ihm zu buckeln, wenn nötig auch zu kriechen. Da war der König bei all seinen liebenswürdigen Seiten sehr eigen. Er reagierte höchst unwillig, wenn diese Etikette verletzt wurde. So gab sein Kammerlakai Lorenz Mayr die unumstößliche Regel aus: „Nähert sich Seine Ma-jestät, hat man unverzüglich eine gebückte Haltung anzunehmen. Kopf gesenkt, die Arme nach unten. Und dann warten, bis man angesprochen wird. Gewürdigt ist man, wenn der König überhaupt bemerkt hat, daß man da ist. Es ist völlig unmöglich, Seine Majestät von sich aus anzusprechen und anzuschauen."

Diese Kluft zwischen Herrscher und Domestiken wurde im Laufe der Jahre immer größer. Weil seine Macht als konstitutioneller Monarch durch die bayerische Verfassung erheblich eingeschränkt war und in Wirklichkeit der Ministerrat und das Beamtentum die Geschicke des Landes lenkten, erwartete Ludwig zumindest von seinem Hofstaat die totale protokollarische Unterwerfung. Schließlich führte er, laut Aussage mehrerer Lakaien, das Zeremoniell des chinesischen Kaiserhofes ein: Die Domestiken durften sich der Majestät nur auf allen vieren kriechend nähern und mußten sich auf die gleiche Weise zurückziehen.

Weniger streng waren die Gebräuche bei den alljährlichen Feierlichkeiten anläßlich des Georgi-Ritterfestes am 24. April. Immerhin saßen hier die Edelsten der Edlen des Königreiches beisammen. Ludwig II. war Großmeister dieses Ritterordens, den man heutzutage als exklusiv bezeichnen würde. Ludwig betrachtete sich freilich eher als König Artus, Herr der sagenhaften Tafelrunde. Die ‚Allgemeine Zeitung' vermeldete vom Festbankett 1877:

„Rechts und links von der Nische, in welcher die moderne bronzierte Statue des Ritters Georg über Blumen und Grün sich erhob, war auf zwei Prunktischen der unvergleichliche Schatz des Bayerischen Königshauses in Vasen, Kannen, Bergkrystall, Elfenbein mit bewundernswürdiger Kunst gearbeitet, zur Schau gestellt … Doch den Höhepunkt der Herrlichkeiten bildete die für Se. Majestät und die beiden Prinzen bereitete Tafel. Unter dem goldbestickten weißen Baldachin, auf dem die lorbeerumwundenen königlichen Insignien ruhten, in dessen Mitte in einem Kranze von Lorbeer und Immergrün das bayerische Wappenschild, zu dessen beiden Seiten zwei Georgi-Ritterschilde hingen, stand auf einer Estrade, um welche ein geschmackvoller rotsamtener Teppich mit bayerischen Rauten auf goldenem Grund lief, die Königstafel und auf derselben eine Sammlung von Kleinodien, wie sie kaum anderwärts mehr zu finden sein dürfte."

Inmitten dieses glänzenden und glitzernden Horts thronte Ludwig II. im Königshermelin, umlagert von seinen Adelsgefährten. Die Herren waren mit königsblauen Rittermänteln aus schwerem Samt behangen; der Saal wurde von zahlreichen Kerzen in ein weiches, seltsam entrückendes Licht getaucht. Diese schwülstige Atmosphäre hätte man als dezent homoerotisch empfunden haben können, wenn die Herren ganz unter sich gewesen wären. So aber wurde das übliche bajuwarische Königstheater aufgeführt, denn etliche Auserwählte der niederen Münchner Stände durften den aufgeputzten Rittern beim Parlieren, Schmausen und Trinken zuschauen. Dieser heute komisch anmutende Voyeurismus gehörte durchaus zum Protokoll. Die ‚Allgemeine Zeitung' schwärmte: „Dem hinter der Spalier bildenden Leibgarde ab- und zuwogenden Volke mochte bei dem Anblick der Herrlichkeit sein, als habe es eines der schönsten Märchen seiner Phantasie verwirklicht vor Augen."

Auch die Speisenfolge muß den Leuten märchenhaft vorgekommen sein. Beispielsweise gab es beim Georgi-Rittermahl des Jahres 1880 unter anderem Wachteln, Rheinlachs, Rinderfilets, Wildschwein, getrüffelte Bekassinenpastete, Langusten, feinstes Fleisch von Lamm und Reh, Gänseleberpasteten, gegrillte Kapaune, frischen Spargel und allerlei Desserts, mal ganz abgesehen von Zwischengerichten wie Suppen und Backwerk. Die ebenso gigantische wie wahllose Folge der Delikatessen spülten die Herren mit edelsten Weinen hinunter: Madeira, ‚Forster Ausbruch' 1874, Champagner ‚Œil de Perdrix', Burgunder ‚Romanée Conti' 1858, Bordeaux ‚Château Lafite' 1862, Rheingauer ‚Marcobrunner' 1863 sowie Tokaier. Wie die Stimmung der Herren gegen Ende der Tafel war, ist leider nicht überliefert. Wir vermuten: bestens.

Ludwig II. war ein schwieriger Esser, der viel und das sehr schnell zu sich nahm. Einerseits liebte er die große pompöse Tafel, die stets französisch angerichtet werden mußte. Andererseits hatte Leibkoch Rottenhöfer auf die schlechten Zähne des Königs Rücksicht zu nehmen, wegen derer Ludwig nicht alles beißen konnte. Er bevorzugte daher als Vorspeisen Suppen jeglicher Art, insbesondere Wildpüree- oder Chicoréesuppe. Häufig ließ er sich Hummer und Fisch servieren, vor allem Forellen, aber auch Seezungenfilets in Weinsauce oder gebacken mit Kräuterbutter und Remoulade. Das zweite Hauptgericht war meist Roastbeef, das drei bis vier Stunden langsam gar gekocht und in vier fingerdicken Scheiben serviert wurde. Beliebt waren auch Fleischklopse oder haschiertes Kalbskotelett mit Champignons und Kartoffelpüree sowie Omelette gefüllt mit Spargelspitzen oder mit geräucherter Ochsenzunge. Im Frühjahr bestand Ludwig auf Kiebitz- und Möweneier, die fünf Minuten gekocht und dann durchgeschnitten in der Schale gereicht wurden; er aß nur den Dotter. Zur Wildsaison wurde schon einmal Rehziemer, Rebhuhn oder Fasan aufgetischt. Ganz besonderer Beliebtheit erfreuten sich die getrüffelten Brustscheiben vom geschmorten Pfau.

Der König der Bayern machte sich nicht sonderlich viel aus Bier; er schätzte beste Weine, Champagner, Liköre und später in zunehmendem Maße Arrak. Vor allem mochte er die weißen Rheingauer Gewächse. Bei seinen alltäglichen Gedecken mußte stets auch eine Karaffe mit Pfälzer Wein aus erstklassigen Forster Lagen und eine mit Bordeaux (,Château Lafite' oder ,Château Margaux') auf dem Tisch stehen. Beim Champagner bevorzugte er ,Ruinart père et fils' oder die Rosé-Marke ,Moët et Chandon Œil de Perdrix'. Obwohl Ludwig den pompösen Prunk über alles liebte und sein Königtum bisweilen überschwenglich zur Schau stellte – im normalen Alltag, sofern es im Leben dieses exzentrischen Mannes jemals etwas dergleichen gegeben hatte, nahm der Monarch seine Mahlzeiten einsam wie ein Gott zu sich.

Erlauchte Herrenrunde beim Georgi-Ritterfest: König Ludwig unter dem Baldachin, umgeben von seinen Fürsten

HUMMERGRATIN AUF BLATTSPINAT

2 Hummer
(je 800 g)
Sellerie, Lauch, Möhren, Zwiebel
(je 50 g)
1 TL Kümmel
1 Bouquet garni
2 EL Butter
1 TL Tomatenmark
40 ml Cognac
250 ml Weißwein
500 ml Sahne
Salz, Pfeffer
1 Eigelb
1 Prise Anis

für die Beilage:
250 g Blattspinat
Salz
Pfeffer
Muskat

Spinat gründlich putzen und in kochendem Salzwasser kurz blanchieren. Wasser abgießen und Spinat abtropfen lassen.

Das Gemüse putzen und in kleine Würfel schneiden. Die Hummer zusammen mit Kümmel und Bouquet garni in kochendes Wasser geben. Aufkochen lassen und bei kleiner Hitze 20 Minuten ziehen lassen. Die Hummer aus dem Wasser nehmen und längs teilen. Das Fleisch aus den Schalen lösen und diese in einem Mörser zerkleinern.

In eine Pfanne Butter geben, die Schalen mit dem kleingeschnittenen Gemüse und Tomatenmark scharf anbraten. Mit Cognac ablöschen und flambieren. Den Weißwein angießen und einkochen lassen. Das Ganze durch ein Tuch passieren und mit der Sahne aufgießen. Salzen, pfeffern und bei kleiner Hitze einkochen. Mit dem Eigelb und 4 EL geschlagener Sahne legieren, mit Anis abschmecken.

Den Blattspinat auf ofenfeste Teller verteilen, leicht salzen und pfeffern und etwas Muskat darüberreiben. Das ausgelöste Hummerfleisch darauflegen und mit der Sauce begießen. Die angerichteten Teller im Ofen bei starker Oberhitze überbacken und schnell servieren. Als Beilage: Weißbrot.

Fasanenbrust auf Sauerkraut
mit Brotcroûtons
und Speck

4 Fasanenbrüste
Salz, Pfeffer
3 EL Butter
250 ml Wildfond
(aus dem Glas)
200 ml Rotwein
1 Brötchen vom Vortag
125 g magerer Speck
250 g kernlose Trauben
500 g Weinsauerkraut
5 Stengel Petersilie

Die Fasanenbrüste waschen und mit Küchenkrepp trockentupfen, leicht salzen und pfeffern. In einer Pfanne 2 EL Butter schmelzen lassen und das Fleisch auf jeder Seite 4 Minuten schonend anbraten. Aus der Pfanne nehmen, in Alufolie wickeln und warm stellen. Wildfond und Rotwein angießen und den Bratenfond loskochen. Die Sauce gut einkochen und mit Salz und Pfeffer abschmecken. Brötchen in kleine Würfel schneiden. Den in Streifen geschnittenen Speck mit den Brotcroûtons in Butter anbraten und die Trauben untermischen. Die Fasanenbrüste in Scheiben aufschneiden, auf das erwärmte Sauerkraut legen, mit der Sauce begießen, mit Speck, Croûtons und Trauben garnieren. Mit gehackter Petersilie bestreuen. Als Beilage: Petersilienkartoffeln.

Kostbarer Tafelaufsatz,
der beim jährlichen Georgi-Ritterfest
den Mittelpunkt der Tafel bildete

Blau ist die Farbe des Himmels, der Sphäre, wo die Götter wohnen. In der indischen Mythologie haben Götter bisweilen eine blaue Haut, wenn sie Menschengestalt annehmen, wie etwa der Gott Krishna. Blau war auch die Lieblingsfarbe Ludwigs II. Für ihn sollte sich sein königliches Dasein darin erfüllen, in der blauen Aura des Göttlichen, der himmlischen Ferne zu schweben, das Unerreichbare zu erreichen. Goethe schreibt im Paragraph 781 seiner Farbenlehre: „Wie wir einen angenehmen Gegenstand, der vor uns flieht, gern verfolgen, so sehen wir das Blaue gern an, nicht weil es auf uns dringt, sondern weil es uns nach sich zieht."

Bereits in seiner Jugend hegte Ludwig eine große Vorliebe für die Farbe Blau, wie sich einer Notiz seines Bruders Otto entnehmen läßt. Bei einer königlichen Festtafel in den Jahren 1863/64 muß sich der Prinz so sehr gelangweilt haben, daß er die Rückseite der Menükarte bekritzelte und die Tafelgäste karikierte. Neben anderem fertigte Otto auch eine Geschenkliste für seine Mutter und seinen Bruder an. Unter der Rubrik Ludwig listete er auf: „Blauer Kuchenteller, blaue Vasen, blaues Büchschen, blaues Photogr. Alb., blaue Tasse, blaues Portem., Teppich mit Schwänen, 2 blaue Väschen."

Nicht zufällig ist Blau die Farbe der Könige. In vielen Kulturen symbolisierte sie den Traum, die endlose Weite, das Transzendentale. Im alten Ägypten stand die Farbe Blau für das göttliche Wort. Die Juden ordneten sie ihrem Gott Jahwe, der Offenbarung und ihren Gesetzen zu; ihre Priester trugen blaue Obergewänder.

Deckengemälde im Treppenhaus von Neuschwanstein

In Europa waren zunächst Rot und Purpur die Farben des Hochadels. Erst als kostbare, mit Indigo gefärbte Stoffe aus Asien eintrafen, gaben ab dem 13. Jahrhundert die französischen Könige blauen Krönungsmänteln den Vorzug. Für den Schweizer Farbpsychologen Max Lüscher erscheint Blau als das Ideal der Einheit und Harmonie: „Blau ist Symbolfarbe für zeitlose Ewigkeit und für die Harmonie in geschichtlichem Zeitvollzug: für Tradition." Mithin auch für das althergebrachte Königtum von Gottes Gnaden, wie es Ludwig fern aller Realität im entrückten, zeitlosen Raum seiner Phantasie nachzuleben suchte.

Es war freilich nicht das dunkle preußische Königsblau, das Ludwig im Sinn hatte, sondern eine hellere Farbe, das leuchtende Blau, das den Königshof von Ludwig XIV., dem großen Vorbild des bayerischen Monarchen, dominierte. Die Chemiker der Badischen Anilin- und Soda-Fabrik im pfälzischen Ludwigshafen mußten solange in ihren damals noch bescheidenen Labors experimentieren, bis dem König die Farbe paßte. Dieses Anilinblau zierte nahezu alles in seiner Umgebung; sogar das königliche Schlafzimmer von Schloß Herrenchiemsee mußte im richtigen Blau illuminiert werden, woran Handwerker und Künstler monatelang herumtüftelten. Der Theatermaler Otto Stöger bastelte eigens zu diesem Zweck einen Apparat, den sogenannten Nachtlichtständer, worüber später die Schriftstellerin Luise von Kobell berichtete: „Nichts schien einfacher. An einem über 1 1/2 Meter hohen, kunstreich geschnitzten Holzständer ward eine Halbkugel aus blauem Glas angebracht, eine dicke Wachskerze hinein gesteckt, und die Nachtlampe war fertig. Tags darauf äußerte der König seine Unzufriedenheit über die Leistung. Das Licht sei nicht blau, sondern schimmere blendend weiß durch das vermeintlich blaue Glas." Eineinhalb Jahre bosselte Stöger verzweifelt und bald dem Wahnsinn nahe an der Nachtbeleuchtung von Ludwigs Schlafzimmer. Schließlich hatte er die Lösung gefunden: Er beschichtete die Kugel dick mit Anilinblau und fixierte die Farbe mit Sikkativ. Und endlich ergoß sich des Nachts ein intensives Blau in des Königs Schlafzimmer, das dieser freilich nur äußerst selten und wenn, dann in den frühen Morgenstunden betreten hat.

Das beste Beispiel für die Eigenart der königlichen Träume und Phantasien bietet die Ausgestaltung der Venusgrotte von Schloß Linderhof. Diese künstliche Höhle aus Gips, Zement und Farbe, auf deren kleinem See sich der König bisweilen in einem Muschelkahn herumrudern ließ, war ursprünglich der roten Venusberg-Grotte aus der Wagner-Oper ‚Tannhäuser' nachempfunden, sollte durch einen Beleuchtungswechsel aber auch in ein Abbild der Blauen Grotte von Capri verwandelt werden können. Ludwigs Stallmeister Richard Hornig mußte zweimal nach Italien reisen, um sich den Originalfarbton einzuprägen. Schließlich war es geschafft: Die modernste Lichttechnik der damaligen Zeit tauchte die bizarre Höhlenszenerie in einen Traum von Blau. Oder war es ein Alptraum? Blau schimmerten die künstlichen schroffen Felswände und Stalaktitensäulen, übernatürlich blau glänzte der See, dessen Grund mit blauer Farbe ausgelegt worden war. Auf dem Wasser schwammen weiße Schwäne wie irrlichternde Märchenwesen. Ein Wasserfall rauschte in blauen Kaskaden in den Höhlenteich. Auf einer kleinen Anhöhe stand der Muschelthron des Königs, der grüblerisch auf seine leuchtend blaue Unterwelt starrte: Le Grand Bleu.

Bezeichnend ist auch ein Erlebnis des Küchenjungen Theodor Hierneis, der wie immer die Menükarte auf das „Tischleindeckdich" in Schloß Linderhof zu legen hatte. Eines Tages sprach Ludwig den jungen Burschen an: „Filets Mignons de veau à l'Allemagne, was ist das?" Hierneis antwortete: „Majestät, diese Filets sind

das zarteste Fleisch vom Kalb, sie liegen direkt unter dem Rücken." – „Und warum heißen sie à l'Allemagne?" – „Weil sie in den deutschen Landesfarben mit Trüffel, Speck und roter Zunge gespickt sind, Majestät." Schließlich wollte der aufgeräumte König noch wissen, ob es dieses Gericht auch „à la Bavière", also in den bayerischen Landesfarben, gebe. Leider nein, erwiderte der Küchenjunge, in der Küche gebe es nun mal die Farbe Blau nicht. Hier irrte der gute Hierneis, es gab sie doch. Zumindest hat Ludwig sie einführen lassen. Wenn er beispielsweise in seinem Marokkanischen Pavillon auf Schloß Linderhof saß und von den Helden aus Tausendundeiner Nacht träumte, wurden kleine, blaue Erfrischungen gereicht, etwa eine Veilchenbowle mit eingeweichten Veilchenwurzeln in Sekt oder Honigplätzchen mit kandierten Veilchen.

Der Dichter Novalis, der als der romantische Poet schlechthin gilt, gab seine Gefühle für die Farbe Blau im Roman ‚Heinrich von Ofterdingen' preis: „Eine Art von süßem Schlummer befiel ihn, in welchem er unbeschreibliche Begebenheiten träumte, und woraus ihn eine andere Erleuchtung weckte. Er fand sich auf einem weichen Rasen am Rande einer Quelle, die in die Luft hinausquoll und sich darin zu verzehren schien. Dunkelblaue Felsen mit bunten Adern erhoben sich in einiger Entfernung; das Tageslicht, das ihn umgab, war heller und milder als das gewöhnliche, der Himmel war schwarzblau und völlig rein. Was ihn aber mit voller Macht anzog, war eine hohe lichtblaue Blume, die zunächst an der Quelle stand und ihn mit ihren breiten, glänzenden Blättern berührte. Rund um sie her standen unzählige Blumen von allen Farben, und der köstlichste Geruch erfüllte die Luft. Er sah nichts als die blaue Blume und betrachtete sie lange mit unnennbarer Zärtlichkeit." Es scheint, als habe Novalis in eine ferne Zeit geschaut und dabei Ludwig II. erblickt.

Gold und Blau – die Farben der Könige.
Ornamentik am Maurischen Kiosk in Linderhof (oben),
Säulen im Thronsaal von Neuschwanstein (rechts)

Honigplätzchen mit kandierten Veilchen

2 Eier
200 g Zucker
80 g geriebene Mandeln
1 Messerspitze Zimt
250 g Honig
500 g Mehl
1/2 Päckchen Backpulver
30 g Kakao
Mehl zum Ausrollen
Eiweiß zum Bestreichen
200 g kandierte Veilchen

Eier samt Zucker schaumig rühren. Die Mandeln, den Zimt und den flüssigen Honig einarbeiten. Das Mehl mit Backpulver und Kakao gemischt unterkneten. Den Teig auf einer bemehlten Fläche 1/2 cm dick ausrollen und mit einer Form nach Wahl ausstechen. Diese Teigteile auf einem mit Backpapier belegten Blech etwa 15 Minuten bei 175 Grad (Gas: Stufe 3) backen. Die Plätzchen auskühlen lassen und in der Mitte mit flüssigem Eiweiß bestreichen, kandierte Veilchen auflegen, andrücken und trocknen lassen.

Veilchen-Parfait

3 Eigelb
40 g Honig
20 ml Veilchenblütenextrakt
20 ml Wodka
250 ml Sahne
Himbeermark
20 Stück Veilchenblüten

Eigelb, Honig, Veilchenblütenextrakt und Wodka über Wasserdampf aufschlagen und anschließend über einer Schüssel mit Eiswürfeln kalt schlagen. Die geschlagene Sahne vorsichtig unterheben. Die Masse in Parfaitförmchen füllen und einige Stunden tiefkühlen.

Anrichten: Teller mit Himbeermark ausgießen, Parfait aus den Formen stürzen und auf dem Himbeermark anrichten. Mit Veilchenblüten garnieren. Dazu paßt ausgezeichnet ein Glas Champagner.

LUDWIGS KÖCHE

Gibt es für einen leidenschaftlichen Koch eine vornehmere Aufgabe, als einem König das Essen zuzubereiten? Als Seiner Majestät jeden Wunsch von den Augen abzulesen, um sich anschließend über das Höchstherrschaftliche Wohlbefinden zu freuen wie über einen Weihnachtstag? Und ist nicht auch der Koch mit seinen Künsten Herr über die Launen des Herrschers, eine meist vollkommen unterschätzte Figur von ungeahnter Machtfülle? Nun, so märchenhaft sich Ludwig auch zu gebärden vermochte, sein Hofstaat, ihm stets unterwürfig und völlig widerspruchslos zu Diensten, war ganz und gar prosaisch organisiert. Der Obersthofmarschall gebot über die Bediensteten mit strenger Autorität, der Dienstablauf war bis ins kleinste geregelt; nur so konnte der Hof dem ein oder anderen exzentrischen Schub seiner Majestät gerecht werden und jederzeit wie erwünscht reagieren. Als Beispiel sei § 3 der Küchenordnung für die Königliche Hof-Küche zitiert: „Von den ebenbenannten Königl. Hofoffizianten sollen in der Regel täglich zwei im Dienste stehen. Der Eine im Hauptdienste – derjenige, welcher für die Königl. Tafel den ersten Teil des Diners, d.h. die Fleischspeisen zu kochen hat – der Andere im Beidienste – derjenige, welchem die Zubereitung des zweiten Teiles des Diners, d. h. die Mehl- und süßen Speisen übertragen ist."

Einer dieser königlichen Hofoffizianten war Johann Rottenhöfer, seines Zeichens Mundkoch von König Ludwig II. Er hatte bereits seinem Vater Maximilian II. gedient, kannte den Kronprinz von Kindesbeinen an und wurde von diesem übernommen, als Ludwig auf den Thron kam. Rottenhöfer war ein schweigsamer Mann mit großem fachlichen Können, seinem Herr-

scher stets treu ergeben, erst dem Vater, dann dem Sohn. Er begleitete Ludwig II. in den 21 Jahren seines Königtums und kochte ihm auch sein letztes Mahl wenige Stunden vor seinem tragischen Tod im Starnberger See. Die Devise der Hofküche lautete schlicht und ergreifend: Zuerst kommt der König, dann kommt lange, lange nichts, und erst dann kommen die anderen. Das war unter Ludwig I. so, unter Maximilian II. und auch unter Ludwig II., nur fanden bei ihm gesellige Essen und Zusammenkünfte weitaus seltener statt. Als Beispiel für die protokollarisch genau geregelte Verteilung von Delikatessen mag ein Jagdessen unter König Max II. gelten. Johann Rottenhöfer hatte als Vorspeise die beliebten, nur fingerlangen frischen Blutwürste vom Wildschwein zubereitet, die kurz vor dem Servieren angebraten wurden. Dabei mußten 148 Stück mehr oder minder gerecht verteilt werden: Der König bekam 24, die Prinzen jeweils 6, die Gesandten von Rußland, Preußen, Württemberg etc. nur noch 4, hohe Militärs ebenso. Der französische Botschafter ging leer aus, auch andere illustre Gäste wie Graf Pocci und Leo von Klenze. So hart (und unhöflich) waren die Sitten.

Am 1. November 1882 trat ein gewisser Theodor Hierneis als Hofkücheneleve in die Dienste Ludwigs II. Knapp vier Jahre lang, bis zum Tod des Königs, gehörte er der Hofhaltung an. Hierneis, der sich später mit einem Delikatessengeschäft selbständig machte und als allseits geachteter Koch, Gastronom und Kaufmann starb, hat seine Erlebnisse mit König Ludwig aufgezeichnet. Sein interessanter Bericht gibt einigen Aufschluß über Ludwig und seine Eß- und Trinkgewohnheiten. Hierneis schreibt, daß Ludwig „gern und reichlich aß, daß er ärgerlich wurde, wenn unvermeidbare Verzögerungen beim Servieren eintraten, und daß er auch Qualitäten sehr wohl zu unterscheiden wußte." Der König war ein Genießer, der sowohl die herzhafte Küche seiner Heimat, etwa Blaukrautwickerl (Kohlrouladen mit Rotkohl), als auch die opulente Feinschmeckertafel schätzte.

Eine noch wichtigere Rolle als der Qualität der Gerichte kam einer prachtvollen Dekoration zu; auch die Hoftafel wurde zur Bühne, darauf legte Ludwig großen Wert. Laut Hierneis wurden beispielsweise „auf Terra-alba-Sockeln Langusten und Hummer dressiert, um allegorische Figuren aus Tragant gruppierten sich pikante Aspiks mit Wildschweinpastetchen oder Gänseleberparfaits, und an marmorierten Füllhörnern aus gebrannten Mandeln rankten sich Petit fours und grünschillernde Pistaziendesserts empor."

So wie sich der König an seinem großen französischen Vorbild Ludwig XIV. orientierte, so orientierte sich seine Hofküche am Savoir vivre Frankreichs. Es wurden stets nur die besten und kostbarsten Produkte des In- und Auslandes verarbeitet und aufgetischt: Trüffeln aus Frankreich und Italien, echtes Schildkrötenfleisch, indische Vogelnester, Straßburger Gänseleberpastete, Enten aus Rouen, Lammrücken aus dem Médoc, Whitestable-Austern, Rentierfleisch aus dem Kurland, Saibling aus dem Königssee, Wolga-Stör mit Malosoll-Kaviar – und Pfau aus Rom. Letzterer war die edelste Speise, die auf Ludwigs Tafel kam. Der König liebte diesen Vogel, ähnlich wie den Schwan, über alles. Er umgab sich mit Pfauen-Nippes, Pfauenfiguren in allen Größen schmückten seine Tage und Nächte. Da wollte auch die Hofküche nicht zurückstehen. Man erstand in Rom, wo die Tiere wegen ihres besonders zarten Fleisches schon von den Zeitgenossen Ciceros außerordentlich geschätzt wurden, einige junge Exemplare. Wie sie zubereitet wurden, ist bei Theodor

*Die Küche von Neuschwanstein, für die damalige Zeit
eine hochmoderne Anlage (oben). Der Pfau war ein Lieblingstier
von Ludwig – als Kunstwerk und auf dem Teller.*

Hierneis nachzulesen: „Nach vorsichtigstem Entfernen des herrlichen Gefieders und nach bratenfertiger Zubereitung wurden sie mit Trüffeln eingefüllt, die vorher in feingeschabtem Speck geschmort waren, dem man feine Kräutchen und Gänseleberstückchen zugesetzt hatte. Die also gefüllten Pfauen wurden darauf wieder zugenäht und einige Tage im kühlen Keller aufgehängt, bis das ganze Fleisch von dem Trüffelaroma durchdrungen war. Am Tage der Verwendung wurden die Trüffel wieder herausgenommen, mit feiner Farce vermengt und von neuem in die Pfauen eingefüllt, die dann mit Speckscheiben umbunden und schön lichtbraun gebraten wurden."

Der Glanzpunkt aber war das Anrichten auf der königlichen Tafel. Dabei wurden Sockel aus Brotteig auf silberne Schüsseln gelegt, auf denen die geschmorten, zerlegten und wieder kunstvoll zusammengesetzten Pfauen samt Gefieder thronten. Um diesen delikat duftenden Vogelpark stellten sich zwölf livrierte Lakaien im Halbkreis auf und warteten auf Seine Majestät. Der König nickte gnädig, und Theodor Hierneis notierte später in seinem Büchlein, immer noch freudig erregt: „Es war ein Bild, würdig eines Sonnenkönigs!"

SAIBLING
IN CHAMPAGNER-SAUCE

✑

4 Saiblinge
(je 200 g)
Saft von 1 Zitrone
3 EL Butter
Salz, Pfeffer
1 Bund Petersilie

für die Sauce:
1 kleine Möhre
100 g Lauch
(nur das Weiße)
50 g Sellerie
2 Schalotten
300 g Fischabschnitte
(Köpfe, Gräten etc.)
50 g Butter
100 ml Noilly Prat
(extra trockener Wermut)
250 ml Champagner
Salz, Pfeffer
1 Prise Cayennepfeffer
250 ml Crème double
1 Spritzer Zitrone

✑

Es ist ratsam, die Sauce so vorzubereiten, daß sie ohne Zeitverzögerung zum Fisch gereicht werden kann. Dafür das Gemüse waschen, putzen und kleinschneiden. Fischreste und Gemüse in einem Topf mit 50 g Butter anschwitzen. Mit Noilly Prat ablöschen und mit Champagner und 500 ml Wasser auffüllen. Das Ganze aufkochen und abschäumen. Die Gewürze

zugeben, etwa 20 Minuten ziehen lassen. Dann durch ein feines Tuch passieren. Den Sud mit der Crème double aufkochen und so lange einkochen, bis die Sauce die gewünschte Konsistenz hat. Mit Gewürzen und Zitronensaft abschmecken und vor dem Anrichten mit dem Mixstab aufschlagen. Die Saiblinge abbrausen

und trockentupfen. Mit Zitronensaft beträufeln, salzen und pfeffern. Die Butter in einer Pfanne schmelzen, die Fische einlegen und auf beiden Seiten bei mittlerer Hitze goldbraun braten. Fische auf einer Platte anrichten und die Sauce angießen, mit gehackter Petersilie bestreuen. Als Beilage: Blattspinat und Pellkartoffeln.

BLAUKRAUTWICKERL À LA KÖNIG LUDWIG

1 Gänsebrust (etwa 300 g)
1 Zwiebel
50 g Schinkenspeck
3 Brötchen vom Vortag
250 ml Milch
1 Bund Petersilie
2 Eier
1 TL Senf
Salz, Pfeffer, Majoran
8 große Blaukrautblätter
250 ml Geflügelfond
(aus dem Glas)

Elektro-Ofen auf 200 Grad vorheizen. Von der Gänsebrust Haut und Fett entfernen, klein würfeln und in einer Pfanne auslassen. Die feingehackte Zwiebel, den gewürfelten Speck und die in dünne Scheiben geschnittene Gänsebrust in dem Gänsefett anbraten. Brötchen in Scheiben schneiden, mit erwärmter Milch übergießen und nach einer Minute wieder ausdrücken. Die gebratene Gänsebrust, Speck und Zwiebel mit der gehackten Petersilie durch die feine Scheibe eines Fleischwolfs drehen. In diese Masse Brötchenteig, Eier, Senf und Gewürze einarbeiten.

Jetzt werden die Blaukrautblätter blanchiert, mit der Gänsefarce gefüllt, zusammengerollt und mit einem Faden umwickelt. Die Wickerl (Kohlrouladen) in einem Bräter mit etwas Gänseschmalz rundherum scharf anbraten. Dann den Geflügelfond angießen. Zugedeckt 30 Minuten im heißen Backofen (Gas: Stufe 3) garen. Als Beilage ideal: Kartoffelpüree.

LUDWIGS NÄCHTE – SEIN ALLTAG

Ludwig II. führte ein Leben – man möge diesen Vergleich verzeihen, aber er drängt sich nun mal auf – wie jener berüchtigte blutgierige Graf aus Transsilvanien: Er haßte den Tag und liebte die Nacht. Der Mond wurde zu seiner Sonne, und wenn er tagsüber schlief, hatte in seinen Ruheräumen ein künstlicher Mond zu scheinen. So ließ Hofstallmeister Richard Hornig am 17. Juli 1878 aus Hohenschwangau dem königlichen Hofsekretär Ludwig von Bürkel folgenden Auftrag ausrichten: „Der Mond im hiesigen Schlafzimmer Seiner Majestät leuchtet nach Allerhöchst deren Aussage nicht mehr so schön wie früher. Euer Hochwohlgeboren möchten ihn reparieren lassen." Helles, klares Tageslicht hob nur selten die Laune dieses Romantikers. In der Nacht, wenn alle Farben gedämpft und die Konturen weich wurden, wenn der erbarmungslos grelle Alltag in die gnädige Stimmung des Diffusen und Halbwahren hinüberglitt, taute der König auf – so oder so: Depressionen wuchsen ins Abgrundtiefe, gute Laune steigerte sich oft zu einer alles verklärenden Euphorie.

Bester Stimmung war Ludwig, wenn Vollmondlicht die Winterlandschaft der Allgäuer Bergwelt in ein leicht schimmerndes Blau tauchte. Dann mußte Stallmeister Hornig weit nach Mitternacht anspannen, und alsbald raste der König in seinem prächtigen Pferdeschlitten in schärfstem Tempo durch Wald und Flur, vorweg stob der Marstallfourier mit einer leuchtenden Fackel in der Hand zu Pferd durch den Schnee. Ein Spuk in Cinemascope. Manche dieser Waldpisten wurden eigens angelegt, damit sich niemand der nächtlichen Reisenden den Hals brach. Eine solche Nachttour führte im Februar 1886 von Hohenschwangau nach Fernstein in Tirol, wo Ludwig in einem bäuerlichen Gasthof ständig zwei Zimmer reserviert hatte. Mit von der Partie war auch Theodor Hierneis vom Küchenpersonal, denn der König wollte unterwegs stets standesgemäß verpflegt werden. Hierneis erinnerte sich später: „Es war eine herrliche sternenhelle Winternacht, der König wählte für den Fernstein immer eine solche, weil er dorthin mit dem goldenen Schlitten fuhr … Der Schlitten wurde von vier Pferden gezogen, auf den Sattelpferden saßen zwei Reitknechte, die, ebenso wie der Vorreiter, in schwerem Rokoko-Kostüm blau- oder rotsamt gekleidet waren, mit weißen Zöpfen, Stulpstiefeln und Schiffhüten … Entweder bestand die Garnitur aus Schimmeln, dann war die ganze Ausstattung blau, oder der König befahl Rappen, dann wurde eine rote Garnitur gewählt. Die nächtlichen Fahrten glichen in ihrer blitzartigen Geschwindigkeit … einem Märchenbild, das den wenigen Augenzeugen ein unvergänglicher Anblick, ein überirdisches Begegnis war."

Der Ablauf des Tages bzw. der Nacht folgte für gewöhnlich dem immer gleichen, einfachen Schema. Gegen sechs bis sieben Uhr abends stand der König auf, falls er nicht wider Erwarten mit irgendwelchen Regierungsgeschäften, offiziellen Empfängen oder Festen behelligt war. Sein Frühstück – Kaffee, Hörnchen, Konfitüre und frisches Milchbrot – nahm er also zur Abenddämmerung ein. Das Diner wurde nach Mitternacht, gegen ein, zwei Uhr serviert. Bis zum Souper, in der Regel ein Menü im Morgengrauen mit sechs, sieben Gängen, sinnierte Ludwig, grübelte über neue Baupläne oder erledigte – in seltereren Fällen – Staatsakten. Nach dem Diner unternahm er eine nächt-

Dämmerung in Neuschwanstein:
die Marienbrücke und das Schloß (oben).
Ein orientalischer Traum:
Saal in Schloß Linderhof (rechts)

liche Ausfahrt durch die Berge oder, falls er in München residierte, durch den Englischen Garten. Meist vertrieb er sich die Zeit mit Lektüre; er war ein geradezu manischer Leser, der überall und jederzeit in Büchern blätterte, im Bett, bei Tisch, sogar auf dem Thron. Erst gegen acht Uhr morgens begab er sich zur Ruhe. Die Schriftstellerin Luise von Kobell wunderte sich freilich, wie ein großer, stattlicher Mann in einem derart von Zierat überladenen Bett überhaupt schlafen konnte. Möglicherweise half ja das sanfte Licht des künstlichen Mondes nach. Für das Küchenpersonal bedeutete dieser ausgefallene Lebensrhythmus eine echte Tortur. Der König legte größten Wert auf eine opulente französische Tafel, die tagsüber organisiert und vorbereitet und des Nachts serviert werden mußte, denn zuweilen stellten sich nach Mitternacht höchstrangige Gäste ein.

Dann wurde die Tafel für vier oder mehr Personen gedeckt, die Diener trugen erlesene Speisen auf, Majestät hob in bester Stimmung das Weinglas – denn er war mutterseelenallein. Seine nächtlichen Gäste waren: der Sonnenkönig Ludwig XIV. von Frankreich, die Damen Pompadour und Dubarry, manchmal auch Königin Marie Antoinette, durchlauchtigste Besucher, die den unschätzbaren Vorteil hatten, das Zeitliche schon längst gesegnet zu haben. Sie kamen und verschwanden, wann immer ihr reizender Gastgeber es wünschte, ohne ein kränkendes Wort verlieren zu müssen. Was bei diesen Soirées gesprochen wurde, ist nicht überliefert; man parlierte, naturellement, französisch, in einer Sprache, die dem Personal fremd war. Denkbar sind etwa folgende Dialoge: authentische Aussagen Ludwigs als Antworten auf fiktive Plaudereien seiner Gäste – eine Fiktion der Fiktion.

LUDWIG II.: Herzlich willkommen auf Meicost Ettal!

MADAME DUBARRY: Meicost Ettal? Pardon, cher ami, was bedeutet das?

LUDWIG II.: L'état c'est moi! Der Staat bin ich. Aus L'état machte ich Ettal, aus c'est moi Meicost.

LUDWIG XIV.: Aah, Sie meinen Château Linderhof bei Ettal. Très charmant, mein Lieber, très charmant.

MADAME POMPADOUR: Haben Sie die Trennung von diesem aufdringlichen Wagner endlich verwunden, mein armer, armer König?

LUDWIG II.: Er ist mein Erlöser! Meine Welt. Innig geliebter, einziger Freund! König und Herr meines Lebens! Wunder der Welt, Strahlensonne, Göttlicher!

LUDWIG XIV.: Sie Beneidenswerter. Man sagt, seine Musik verzaubere besonders die Damen. Er hat ja auch die charmante Cosima erobert. Sie wissen, Sire, die Gemahlin dieses Kapellmeisters …

LUDWIG II. (empört): Es war kein echter Ton in ihr. Kuhglocken waren mir lieber.

MARIE ANTOINETTE (leicht beschwipst): Was trinken Wir Schönes heute abend?

LUDWIG II.: Tee, Kaffee, süße Weine, Maiwein, Rheinwein, Champagner, Cognac, Rum mit Gewürznelken, Arrak, auch Bier. Aber ein Trinker bin ich nicht.

LUDWIG XIV. (schmunzelnd): Wie man hört, haben Sie neulich Ihren Kabinettschef, diesen miserablen Hundsfott, mit einem Revolver bedroht. So was gefällt mir.

LUDWIG II.: Ja, aber es war kein echter. Als sich der Mann nicht beeindrucken ließ, sagte ich zu ihm: »Sehen Sie nur, was es heute alles gibt, Thermometer in Form von Revolvern.«

MADAME DUBARRY: Köstlich, Sire, köstlich! Und wie ging die Affäre aus?

LUDWIG II.: Wie nichtssagend und fad kommen mir nun alle Menschen vor. Welch erbärmliche niedere Insektenseelen. Mittelmäßigkeit und Borniertheit fast überall, wohin ich blicke. Das Volk ist gut, sein innerster Kern gesund, aber urteilslos und leicht lenkbar.

MARIE ANTOINETTE (noch ein wenig beschwipster): Das kann man wohl sagen. Wie Sie wissen, Sire, haben Wir, mein Gemahl und ich, mit dem Volk auch Unsere Erfahrungen gemacht.

LUDWIG II.: Ich mag diese Plebsereien nicht …

MADAME POMPADOUR: Da gibt es eine neue Mode, die mich außerordentlich interessiert: Man trägt bei Hofe Schirm. Ihre Freundin Sissi geht damit sogar spazieren. Und neulich trugen Sie bei Regen auch einen, Sire. Zur Paradeuniform …

LUDWIG II.: Ich werde mir doch meine Frisur nicht verderben …

LUDWIG XIV.: Es wird Zeit, Mesdames, leider. À bientôt, Sire. Und grübeln Sie nicht soviel.

LUDWIG II.: Was ist schöner, als in einem von Pfauen gezogenen Wagen durch die Lüfte zu fliegen!

Geisterstunde an der Mitternachtstafel:
Ludwig parliert mit fürstlichen Gästen
aus dem Jenseits

Folgende hübsche und bezeichnende Episode zum Thema Ludwigs Nächte entspringt keiner Phantasie: Der König pflegte am 25. August seinen Geburts- und Namenstag im Jagdhaus Schachen zu feiern. Nach den Festlichkeiten blieb er meist noch über eine Woche. Die Bediensteten schmückten das Haus liebevoll, unter anderem mit vielen kleinen, farbigen Gläsern, die brennende Wachskerzen enthielten und auf dem Boden rund um das Jagdhaus verteilt waren – bei Nacht ein romantischer Anblick. Die königliche Karosse nahte meist nach fünf Uhr in der Frühe. Sofort wurde das Begrüßungsfeuerwerk gezündet. Doch die hochschießenden Raketen erleuchteten nicht sprühend das nächtliche Firmament, sondern verblaßten im strahlenden Licht des Sommermorgens wie müde Sternschnuppen am Ende einer langen Reise.

Nächtliche Schlittenfahrt:
Ein Bild von R. Wenig (rechts)

Winterstimmung auf Schloß Linderhof
(folgende Doppelseite)

Königliche Speisekarte für ein
elfgängiges Menü (S. 100)

Banquet. 24. April 1880.

Potage à la d'Artagnan	Madeira.
Oeufs de vanneaux	Forster Ausbruch 1874.
Cailles à la Volière	
Saumon du Rhin à la Hollandaise	Oeil de perdrix.
Filet de boeuf à la Printanière	Bourgogne Romané 1858.
Dindon à la Godard	
Cuissot de marcassin à l'Anglaise	Champagne L. Roederer.
Suprême de volaille aux haricots verts	
Pâté de bécasses aux truffes	Bordeaux Lafite 1862.
Langouste à la Ravigote	
Terrine de foie gras	
Maiwein	
Selle de mouton en chevreuil	Marcobrunner 1868.
Chaponneaux rôtis	
Asperges	
Gelée au vin de Champagne	
Gâteaux à la St. George	
Glaces: chocolat, fraises, ananas.	Tokayer.

KARTOFFELSUPPE À LA RUMFORD

500 g Suppenfleisch

250 g geräucherter Schweinebauch

250 g gelbe Erbsen

1500 ml Wasser

150 g Graupen

50 g Butter

1 Prise Salz

3 Möhren

1 kleine Knolle Sellerie

1 kg Kartoffeln

1 Bund Petersilie

Salz, Pfeffer

3 Scheiben Weißbrot

Die Erbsen über Nacht einweichen, mit dem Wasser zum Kochen bringen und 1 Stunde garen. Dann Suppen- und Schweinefleisch dazugeben und 2-3 Stunden bei kleiner Hitze köcheln lassen. Das Fleisch herausnehmen, die Erbsen fein pürieren. Graupen, die geputzten, gewürfelten Möhren sowie Sellerie in einen Topf mit Wasser geben, salzen und weich kochen, zu den Erbsen geben und die Butter unterheben. Kartoffeln schälen, würfeln, mit Salzwasser bedeckt weich kochen, bis sie zerfallen. Wasser abgießen und Kartoffeln unter die Erbsen rühren, so viel Wasser dazugeben, daß das Püree suppig wird. Mit Pfeffer und Salz kräftig abschmecken und die gehackte Petersilie untermischen. Das Weißbrot würfeln und in Butter goldbraun rösten. Die Suppe vor dem Anrichten mit den Croûtons bestreuen.

KANINCHENTERRINE

∞

1 großes Kaninchen

3 Möhren

4 Zwiebeln

1 Stück Sellerieknolle

1 Lorbeerblatt

Pfefferkörner

1 Zweig Estragon

1 altbackenes Brötchen

150 g Speck

50 g roher Schinken

2 Zwiebeln

10 g Butter

4 Eier

10 g grüner Pfeffer

400 ml Madeira

100 ml Sahne

Salz

1 Prise Zucker

1 TL Rosmarin

100 g sehr dünn geschnittener Speck

(zum Belegen)

Lorbeerblätter

(zum Garnieren)

2 Blatt Gelatine

∞

Das Kaninchen zerlegen, in Stücke schneiden und mit den geputzten Möhren, Zwiebeln, der Sellerieknolle, Lorbeer, Pfefferkörnern und Estragon in leicht gesalzenem Wasser oder Fleischbrühe gar kochen. Abkühlen lassen. Das Brötchen in der Brühe einweichen und ausdrücken. Dann das abgelöste Fleisch samt Brötchen, Speck, Schinken, abgetropftem Suppengemüse und in Butter gedünsteten, gehackten Zwiebeln durch den Wolf drehen. Mit Eiern, dem grünen Pfeffer, der Hälfte vom Madeira, den Gewürzen und so viel Sahne zu einem glatten Teig vermengen, daß er locker, aber nicht zu flüssig wird. In eine große Pasteten- oder Auflaufform füllen, dekorativ mit Lorbeerblättern belegen und mit dünnen Speckscheiben bedecken. Bei 180 Grad etwa 90 Minuten backen, dann auskühlen lassen. Gelatine in 2-3 EL Kaninchenbrühe und dem Rest Madeira auflösen und in die entstandenen Ritzen zwischen Form und Pastete gießen und kühl stellen.

LACHS MIT KRÄUTERSAUCE

1 kleiner Lachs (etwa 1500 g)

Saft von 1 Zitrone

je 1 Bund Dill und Petersilie

2 Zweige Zitronenmelisse

250 ml trockener Weißwein

1 TL schwarze Pfefferkörner

1 Lorbeerblatt

für die Sauce:

je 1 Bund

Dill, Petersilie, Schnittlauch und Basilikum

3 Zweige Zitronenmelisse

4 Lauchzwiebeln

40 g Butter

250 ml trockener Riesling

250 ml Fischfond

(aus dem Glas)

Salz

schwarzer Pfeffer aus der Mühle

1 Prise geriebener Muskat

1 TL Mehl

100 g saure Sahne

Den Lachs kalt abspülen, die Kiemen entfernen und den Fisch mit dem Saft der Zitrone beträufeln. Kräuter, Weißwein, Pfefferkörner und Lorbeer in einen Fischtopf geben und so viel Wasser auffüllen, daß der später darin liegende Fisch bedeckt sein wird. Kräutersud zum Kochen bringen, dann die Hitze herunterschalten. Den Fisch einlegen, in 25-30 Minuten gar ziehen lassen, bis sich das Fleisch von den Gräten löst.

Für die Sauce die Kräuter abbrausen, mit Küchenkrepp abtrocknen und fein hacken. Die Lauchzwiebeln in feine Röllchen schneiden. 20 g Butter in einer Kasserolle erhitzen, die Lauchzwiebeln und Kräuter darin leicht andünsten. Mit Riesling und Fischfond ablöschen, mit Salz, Pfeffer und Muskat würzen. Die Sauce 10 Minuten bei mittlerer Hitze kochen. Restliche Butter und Mehl klumpenfrei unter die Sauce rühren, bis diese sämig ist. Dann die saure Sahne unterrühren und die Sauce abschmecken. Heiß zum Fisch servieren.

Paniertes Kalbsbries

1 kg Kalbsbries
Salz
weißer Pfeffer aus der Mühle
3 Eigelb
Semmelbrösel
100 g Butterschmalz
1 unbehandelte Zitrone

Die Brieschen über Nacht in kaltes Wasser einlegen. Kalbsbries am nächsten Tag blanchieren, das heißt in warmem Salzwasser so schnell wie möglich zum Kochen bringen, dann eiskalt abschrecken. Brieschen unbedingt gut trockentupfen, von den Häuten befreien und in Scheiben schneiden. Salzen, pfeffern und in verquirltem Eigelb und Semmelbröseln wenden. Die Brieschen in erhitztem Butterschmalz auf beiden Seiten in etwa 10 Minuten goldbraun braten. Auf Tellern mit jeweils einem Zitronenviertel anrichten. Als Beilage: Butterkartoffeln und Kopfsalat.

Gebratene Kalbsnuss in Morchelrahm

6 getrocknete Morcheln
2 Zwiebeln
2 Möhren
1200 g Kalbsnuß
Salz, Pfeffer
Thymian
30 g Butter
4 EL Sonnenblumenöl
300 g Kalbsknochen
1 Lorbeerblatt
1 Prise Rosmarin
250 ml Kalbsfond (aus dem Glas)
1 EL Honig
250 ml Sahne

Elektro-Ofen auf 200 Grad vorheizen. Morcheln in warmem Wasser einweichen und zur Seite stellen. Die Zwiebeln vierteln, die Möhren waschen und in kleine Würfel schneiden. Kalbsnuß salzen, pfeffern und mit Thymian einreiben. Butter und Öl in einem gußeisernen Bräter erhitzen und die Kalbsnuß mit den Knochen darin rundum kräftig anbraten. Dann die Zwiebeln, Möhren und Gewürze hinzufügen und gut verteilen. Das Ganze mit Kalbsfond aufgießen und gut verschlossen etwa 2 Stunden im Backofen braten (Gas: Stufe 3). Zwischendurch die Morcheln einlegen und das Fleisch mehrfach mit Bratfond und etwas Honig bepinseln. Die fertiggebratene Kalbsnuß aus dem Bräter nehmen und warm stellen. Die Sauce durch ein Sieb passieren, mit Sahne aufgießen und etwas einkochen lassen. Die Kalbsnuß in Scheiben schneiden und mit der mit Pfeffer abgeschmeckten Rahmsauce servieren.

CRÈME BAVAROISE MIT ERDBEEREN

500 g vollreife Erdbeeren
100 g Zucker
40 ml Orangenlikör
2 TL Crème de cassis
ein wenig Zitronensaft
2 Blatt Gelatine
1 Blatt rote Gelatine
500 ml Milch
1 Prise Salz
1 Vanilleschote
4 Eigelb
100 g Zucker
10 Blatt weiße Gelatine
ca. 250 ml Sahne

Erdbeeren mit kaltem Wasser abbrausen, gut abtropfen lassen und von den Stielansätzen befreien. Vierteln, mit dem Zucker bestreuen und ziehen lassen. Anschließend im Mixer pürieren, dann durch ein Sieb streichen und mit Orangenlikör, Crème de cassis und Zitronensaft aromatisieren. Unter ständigem Rühren erhitzen, so daß ein Teil der Flüssigkeit verdampft. 3 Blatt (2 weiß, 1 rot) eingeweichte Gelatine ausdrücken und in der Fruchtmischung auflösen. Dann abkühlen lassen und dabei hin und wieder durchrühren, damit sich keine Haut bildet; die Masse soll zum Schluß eine leicht gebundene Konsistenz haben.

Die Milch zusammen mit dem Salz und der gequetschten Vanilleschote zum Kochen bringen und vom Herd nehmen. Die Eigelbe schaumig schlagen, dabei langsam den Zucker einstreuen und weiterschlagen, bis die Masse weiß-schaumig und der Zucker aufgelöst ist. Nach und nach die heiße Vanillemilch (ohne Schote) untermischen und bei sehr sanfter Hitze rühren, bis sie leicht angedickt ist. Sie darf dabei keinesfalls kochen, sonst gerinnt sie. Die eingeweichte, ausgedrückte Gelatine darin auflösen, die Masse durch ein Spitzsieb gießen und im kalten Wasserbad weiterrühren, bis sie abgekühlt und cremig ist. Die Sahne steif schlagen, locker unter die Crème heben, bevor diese völlig fest wird. Etwa ein Drittel davon abnehmen und mit einem Teil der eben gelierenden Erdbeermasse leicht rosa einfärben. Die helle Bavaroise in eine große Schüssel geben, und den rosafarbenen Teil in einen Spritzbeutel mit Lochtülle mit großer Öffnung füllen. Den Spritzbeutel nun tief in die helle Crème tauchen und die Masse hineindrücken, so daß sich die Vanillecrème gleichmäßig am Rand verteilt. Die Bavaroise im Kühlschrank über Nacht fest werden lassen, dann stürzen und vor dem Servieren mit der restlichen Erdbeermasse umgießen.

Deckengemälde und Kronleuchter in Schloß Linderhof

Ludwig und die Natur

Ludwig II. liebte die Natur. Draußen, unter freiem Himmel, offenbarte er an manchen Tagen völlig ungezwungen sein anderes Ich: der König als echter Sohn seines Bayern-Volkes, erdnah, heimatverbunden, bisweilen sogar leutselig, wie sich der bayerische Schriftsteller Ludwig Thoma erinnerte. Thomas Vater war Revierförster am Walchensee. Hin und wieder kam der Monarch und spazierte durch den Wald. „Er hatte nichts dagegen, Leuten zu begegnen, die in den Wald gehörten, und zuweilen redete er einen Jäger an." An manchen Sonntagen ging der König zur Andacht in die Kapelle nahe dem Forsthaus. Und es machte Ludwig, der in München sogar im Theater allein sein wollte, überhaupt nichts aus, wenn ein paar Bänke weiter Waldarbeiter, Kohlenbrenner oder Bauern beteten. Der Herrgott war für alle der gleiche. „Ich sehne mich sehr nach dem Aufenthalte in frischer, gesunder Luft und in schöner Gegend", teilte Ludwig bei jeder Gelegenheit seinem Hofstaat mit. Nur weg aus dem ungeliebten München: „Ich kann nicht leben in dem Hauch der Grüfte, mein Atem ist die Freiheit! … Lange hier, in der Stadt, zu sein, wäre mein Tod." Deshalb mußten ihm seine Beamten oft genug Regierungsvorlagen und Akten auf eine seiner elf Berghütten nachbringen, oder man besprach die anstehenden Vorschläge und Anträge in der freien Natur. „Dann und wann mischte sich das Tönen einer Kuhglocke darein", hatte die Schriftstellerin Luise von Kobell beobachtet.

Ludwig II. fühlte sich in der Abgeschiedenheit seines Jagdschlößchens auf dem Schachen besonders wohl, aber er haßte die Jagd. In seiner Hörweite durfte kein Schuß fallen. Das mag an seiner heftigen Abneigung gegen Waffen gelegen haben, denn Ludwig hatte auch für das Militär nichts übrig. Zwar ist überliefert, daß er in seiner Jugend einmal mit Bruder Otto, der übrigens ein leidenschaftlicher Jäger war, zur Vogeljagd gegangen war und Neuntöter geschossen hatte. Doch offensichtlich hat dieses Erlebnis den sensiblen Knaben ein für allemal von der Jagd abgeschreckt. Zum Fischen ging der Kronprinz dagegen recht gern. Ein Foto von 1861 zeigt den jungen Ludwig stolz mit seiner Beute: Er hatte einen achtpfündigen Hecht gefangen.

Der König der Bayern verehrte Bäume. Da mögen ursprüngliche Naturliebe und Einflüsse des Wagnerschen Germanenkults zusammengekommen sein. Jedenfalls ist offensichtlich, daß ihm Bäume lieber waren als Menschen, nicht nur, weil sie regungslos und vor allem stumm dastanden. Ludwig sah in alten Bäumen etwas Gottgewolltes, Majestätisches. Besonders schöne Bäume grüßte er und berührte sie scheu mit der Hand. Beim Bau von Schloß Linderhof stand den Gartenarchitekten eine alte Linde im Weg. Ludwig verbot, sie zu fällen; er ordnete statt dessen an, sie „auszubauen", d.h. er ließ an ihrem Stamm eine Treppe und in der Krone einen Freisitz zimmern, auf dem er bisweilen in der Abenddämmerung frühstückte.

Daß Ludwig II. sogar als einer der ersten Naturschützer Bayerns betrachtet werden darf, macht folgende Episode deutlich: In den Jahren 1870/71 erwarben vier Stuttgarter Holzhändler die Herreninsel im Chiemsee. Zum Entsetzen der einheimischen Bevölkerung spekulierten sie auf den großen Baumbestand der Insel; das Abholzrecht hatten sie bereits. Die Chiemgauer Bauern und Fischer schickten ihrem König eine Petition, er möge doch bitte ihre schöne Insel retten. Ludwig kaufte sie, und die Bäume blieben stehen. Die

*Ludwigs Freisitz in der alten Linde
vor Schloß Linderhof, wo er zuweilen in der
Abenddämmerung frühstückte*

intakte Landschaft bildete später einen reizvollen Naturrahmen für das Schloß Herrenchiemsee. Bei aller Aufgeschlossenheit für den technischen Fortschritt sah der König durchaus die Gefahren, die durch ihn der natürlichen Umgebung drohten. Dem Eisenbahnplaner Anton Memmingen weissagte er 1878 in einem Gespräch: „Auch für zahllose andere Menschen, als ich einer bin, wird eine Zeit kommen, in der sie sich nach einem Lande sehnen und zu einem Fleck Erde flüchten, wo die moderne Kultur, Technik, Habgier und Hetze noch eine friedliche Stätte weit vom Lärm, Gewühl, Rauch und Staub der Städte übriggelassen hat.“

In seiner Jugend war der Naturmensch Ludwig ein kraftvoller, begeisterter Sportler. Er galt als ausgesprochen guter Schwimmer, der gern und vor allem ausdauernd seinen Sport betrieb. Diese Tatsache sollte später bei seinem Tod zu allerlei Spekulationen führen. Und er war ein geradezu besessener Reiter. An manchen Tagen, wenn er es in München oder auf Schloß Berg überhaupt nicht mehr vor Sehnsucht nach den Bergen aushielt, bestieg er ein Roß und galoppierte nur in Begleitung eines Reitknechts los. War diese Möglichkeit nicht gegeben, begab sich der König in die

Hofreitbahn und ritt die Nächte durch, etwa von acht Uhr abends bis zwei, drei Uhr morgens – die Strecke Innsbruck-München –, immer im Kreis herum. Unterbrochen wurde der Höllenritt nur zum Essenfassen oder Pferdewechseln; der jeweilige Reitknecht, der ihn dabei begleitete, wurde fürstlich belohnt.

Ludwig liebte Pferde. Von seinem Lieblingsrappen „Ralph“ sagte er in Anspielung auf seinen rothaarigen Oberststallmeister Graf Holnstein: „Die schwarze Exzellenz ist mir viel lieber als die rote.“ Als der Apfelschimmel „Cosa Rara“ einen unbeaufsichtigten Tisch im Freien, der mit Braten, Forellen, Gemüse und Wein gedeckt war, „abgegrast“ hatte, war der König darüber so amüsiert, daß er die Szene etliche Male wiederholen und von seinem Pferdeporträtisten Friedrich Wilhelm Pfeiffer malen ließ. Pferdeporträtisten? Ganz richtig, der König beschäftigte einen Künstler allein für den Zweck, daß er seine Lieblingsrösser auf Aquarellen festhielt. So kam eine ganze Galerie von Pferdeporträts, die an den unterschiedlichsten Orten angefertigt wurden, zustande: „Eboli“ vor dem „Schlucksenwirt“ bei Hohenschwangau, „Antigone“ vor Nymphenburg, „Hildolf“ am Herzogstand, „Erna“ auf dem Hochkopf, „Gunloed" in Percha am Starnberger See oder „Yelva" auf dem Bürschling. Später, als der König eine stattliche Leibesfülle von annähernd 140 Kilogramm erreicht hatte und er nicht mehr so elegant in den Sattel kam, ließ er sich durch die Lande kutschieren. Auch hierbei zog er ein wildes Parforce-Tempo dem romantischen Trab vor.

Für das Küchenpersonal waren Ludwigs Ausflüge in die Natur weniger erholsam. Geschirr, Gläser, Kochtöpfe sowie alle Zutaten mußten die Berge hinaufgeschleppt werden, schließlich ließ Seine Majestät auch in primitiven Hütten auf Damast, Silber und in Kristall servieren. Auf ein komplettes Menü verzichtete der König nie, berichtet Kücheneleve Theodor Hierneis. Sechs bis sieben Gänge waren die Regel: eine Suppe, eine Vorspeise wie Pastetchen, Blutwurstgeröstel auf

Kraut, Fisch oder ein Muschelragout, dann gekochtes Ochsenfleisch oder eine Hirschkeule, danach ein Zwischengang wie Lammkoteletts, schließlich ein Braten, dann die Süßspeise und abschließend Kaffee. Bei Ausflügen nach Fernstein in Tirol wünschte Ludwig immer das gleiche Lieblingsgericht, Hechtenkraut: Ein gebackener Hecht wurde ausgekühlt, von allen Gräten befreit und in kleine Stücke gezupft. Dann wurde fein gedämpftes Sauerkraut in eine feuerfeste Form gelegt, darauf eine Schicht Hecht, dann wieder Kraut, wieder Hecht und Kraut. Die oberste Lage wurde mit Semmelbrösel, Krebsschwänzen und -butter belegt. Dann kam das Ganze zwanzig Minuten ins Rohr.

Nur ein gutes Buch konnte Ludwig von diesem köstlichen Mahl abhalten. Der König verschlang geradezu Bücher, vor allem, wenn er in den Bergen war.

Ludwigs Pferd „Cosa Rara" räumt den königlichen Tisch ab.
Der König ließ diese Szene nachstellen und von seinem
Pferdeporträtisten Wilhelm Pfeiffer malen
(Marstallmuseum, Schloß Nymphenburg)

*Von außen einfache Hütte
in der archaischen Bergwelt Bayerns (oben),
von innen ein Traum aus Tausendundeiner Nacht (rechts) –
Ludwigs Schachenhaus*

Er las alte und neue Literatur, Dramen, Gedichte, Romane, historische Sachbücher, Memoiren, Briefsammlungen, insbesondere auch Geschichtsbücher, die das Paris des 17. und 18. Jahrhunderts behandelten. Sein Lieblingsautor war seltsamerweise Schiller. Der so sehr von seiner gottgegebenen, absolutistischen Machtfülle überzeugte Monarch ergötzte sich an Schillers Freiheitsdramen, am literarischen Kampf des Marbachers gegen Fürstenwillkür und Adelsprivilegien. Ludwig war mit Sicherheit der belesenste Mensch seiner weiteren Umgebung; seine durchschnittliche „Leseleistung" betrug ein Band pro Tag. Er las am Ufer eines Bergsees oder auf dem Gipfel; die Aussicht auf den Walchensee etwa animierte ihn zur Lektüre von Viktor von Scheffel. Er las während des Gepolters einer Kutschfahrt und im Pferdeschlitten. Und er las, so notierte er arglos in seinem Tagebuch, auch während eines Ritts in Gottes schöne Natur, die er so liebte.

HECHT MIT FEINER KRÄUTERSAUCE

500 g Hechtfilet
Saft von 1 Zitrone
2 Bund Dill
1 Bund glatte Petersilie
2 Zweige Estragon
250 g Butter
50 ml trockener Wermut
Salz
Pfeffer aus der Mühle
250 ml Sahne
Dill
(zum Bestreuen)

Den Herd auf 180 Grad vorheizen. Das Hechtfilet in zweifingerbreite Stücke schneiden und mit Zitronensaft beträufeln. Die Kräuter abbrausen und ganz fein hacken. In einer Kasserolle die Butter zum Schmelzen bringen und den Wermut dazugeben. Kräuter und Fischfilet einlegen, salzen und pfeffern. Die Kasserolle in das Backrohr schieben und den Fisch 10 Minuten garen lassen. Fischstücke aus der Sauce nehmen und warm stellen. Einen Teil der Butter abgießen und die Sahne einrühren. Das Ganze aufkochen lassen und abschmecken. Die Hechtstücke auf warmen Tellern anrichten, mit Sauce begießen und mit dem gehackten frischen Dill bestreuen. Als Beilage kleine Pellkartoffeln reichen.

ℬLUTWURSTGERÖSTEL AUF SAUERKRAUT

4 mittlere Blutwürste
2 große Zwiebeln
Mehl für die Zwiebeln
3 EL Sonnenblumenöl
Salz, Majoran
125 ml Rotwein

Blutwürste in Scheiben schneiden. Zwiebeln abschälen, in Ringe schneiden und mit Mehl bestäuben. Diese in 2 EL heißem Öl goldbraun braten und leicht salzen. In einer Pfanne restliches Öl erhitzen und die Blutwürste gut durchbraten, bis sie eine leichte Kruste aufweisen. Mit Majoran bestreuen und warm stellen. Den Bratfond mit Rotwein ablösen und einkochen lassen. Die Sauce abschmecken, an die Blutwürste geben und mit den Zwiebelringen bestreuen. Als Beilage: Sauerkraut und Kartoffelpüree.

HIRSCHKEULE SCHACHENHAUS

∞

1500 g Hirschkeule
Salz
Pfeffer
10 zerstoßene Wacholderbeeren
50 g Butter
125 g Speckscheiben
(zum Belegen)
8 Schalotten
500 ml Spätburgunder
250 ml Wildfond
(aus dem Glas)
1 Glas eingelegte Preiselbeeren
250 ml saure Sahne

∞

Elektro-Ofen auf 180 Grad vorheizen. Hirschkeule entbeinen und von Haut und Sehnen befreien. Mit Salz, Pfeffer und Wacholderbeeren kräftig einreiben. Die Keule in Form bringen, mit flüssiger Butter bestreichen, mit den Speckscheiben belegen und gut mit einer Küchenschnur zusammenbinden. Die Keule mit den geschälten Schalotten in einen Bräter legen und auf beiden Seiten anbraten und in den heißen Backofen (Gas: Stufe 2) schieben. Nach einer 1/2 Stunde Rotwein und Fond angießen und 1 1/2 Stunden weiterschmoren lassen. Zwischendurch immer wieder mit Bratenfond bestreichen. Die Hirschkeule aus dem Bräter nehmen, mit Alufolie abdecken und warm stellen. In die Bratensauce Preiselbeeren und saure Sahne einrühren und aufkochen lassen. Hitze reduzieren und die Sauce einköcheln lassen, bei Bedarf mit etwas Mehl oder Stärkepulver eindicken. Das Fleisch schräg zur Faser in Scheiben schneiden und auf einer Platte servieren. Die heiße Sauce über das Fleisch gießen. Als Beilage: Kartoffelkroketten und Wirsing.

*Verlobungsstich mit König Ludwig II.
und Prinzessin Sophie Charlotte in dem Buch
'Der junge Staatsbürger' (1867)*

König und Eros

Ludwig mochte Frauen, und die Frauen mochten ihn, zumindest in seiner Jugend. Sie liebten seine höchst ansehnliche Erscheinung: die imponierende Gestalt, die ausdrucksvollen, schwärmerischen Augen, das gutgeschnittene Gesicht, den dunklen (künstlich getrimmten) Lockenkopf, die sonore Stimme. Er war ein charmanter, aufmerksamer Gastgeber, der beispielsweise die Hofdamen seiner Mutter auf reizende Weise verwöhnte. Er schickte den Ehefrauen des russischen Gesandten sowie des bayerischen Botschafters am württembergischen Königshof regelmäßig Blumen und Geburtstagsgrüße. Dabei handelte es sich ausschließlich um Damen, die nie mehr als diese letztlich unverbindliche Aufmerksamkeit erwarteten, die geschmeichelt waren von den hervorragenden Manieren dieses schönen Königs. Das wußte Ludwig. Erotische Spannungen ließ er erst gar nicht aufkommen, wozu auch: Schließlich wollte er nur bewundert und respektiert werden; dafür war er gern bereit, einiges an Komplimenten und Artigkeiten zu investieren.

Und weil er in der Tat auch ein höflicher junger Mann war, der wußte, was sich gehört, machte er seine kleinen, netten Aufwartungen auch bei der Verwandtschaft, etwa beim Großonkel Max in Possenhofen am Starnberger See. Der Herzog von Bayern liebte die Jagd und die Volksmusik, beides machte ihn für Ludwig nicht sonderlich sympathisch. Aber er hatte fünf Töchter. Eine von ihnen war Elisabeth, acht Jahre älter als Ludwig. Sissi hatte bereits „Karriere" gemacht und den Kaiser von Österreich geheiratet. Mit ihr verstand sich Ludwig ausgezeichnet. Aber auch mit ihrer Schwester Sophie Charlotte, die ebenso wie er für die Musik Richard Wagners schwärmte. Diese Leidenschaft vor

allem verband die beiden, und am 9. September 1864 schrieb die Siebzehnjährige ihrem königlichen Vetter: „Sehr überrascht war ich, als ich heute Morgen das wunderschöne Bild des Sängers Niemann als Lohengrin erhielt, welches mich schon im Kunstverein entzückte. Du hättest mir keine größere Freude machen können, und ich kann Dir nicht genug dafür danken." Sophie Charlotte war ein anmutiges, apartes Mädchen, bei dem die heiratsfähigen Prinzen aus Europas Hochadel Schlange standen. Mit der Zeit sprach sich jedoch ein gewisses Interesse König Ludwigs II. an der jungen Dame in diplomatischen Kreisen herum, so daß der österreichische Erzherzog Ludwig Viktor, ein Bruder des Kaisers, wegen dieser Gerüchte verzichtete. Und nun lief, wie in solchen Fällen üblich, das Räderwerk der dynastischen Ehepolitik unerbittlich an.

Herzogin Ludovika, Sophies Mutter, war eine ehrgeizige Frau. Sie hatte bereits ihre Tochter Sissi mit dem mächtigen Kaiser von Österreich verheiratet und ihre Tochter Marie Sophie Amalie mit dem Kronprinzen und späteren König von Sizilien Franz II. Eine Königin von Bayern in der Familie hätte ihre Erfolge als Ehestifterin wahrlich gekrönt. Also drängte sie Ludwig ziemlich unverhohlen zur Entscheidung. Der wußte anfangs überhaupt nicht, wie ihm geschah. Bis ihn schließlich „Gackl" aufsuchte, Herzog Karl Theodor, ein Jugendfreund und der Bruder von Sophie Charlotte. Im Auftrag seiner Mutter fragte er Ludwig unverblümt, ob er seine Schwester heiraten wolle. Der König verneinte. Daraufhin wurde ihm ein weiterer Kontakt zu Sophie verboten. Ludwig war am Boden zerstört. Er hatte gerade die erste Trennung von Richard Wagner zu verkraften. Und nun auch noch

*Das Antiquarium in der Münchner Residenz gilt als
schönster Renaissance-Saal nördlich der Alpen.
Für die Hochzeit von Ludwig und Sophie Charlotte,
die am 28. November 1867 stattfinden sollte,
war hier eine Festtafel geplant.*

dies. Hatte er nicht oft genug Sophie Charlotte seiner unverbrüchlichen, herzensreinen Freundschaft versichert. Freundschaft! Nicht Liebe! Wochenlang hörte er nichts mehr von ihr. Auch Sophie Charlotte wurde von ihrer Familie jegliche Kommunikation mit dem König, die nicht ausdrücklich bewilligt war, untersagt. Am 16. Januar 1867 lud Ludwig alle Prinzessinnen von Possenhofen zum Hofball ein. Auch die liebreizende Sophie Charlotte kam; Ludwig wurde wachsweich. Und am 22. Januar schrieb er ihr: „Was ich damals, als ich kaum das Knabenalter verlassen hatte, als Kronprinz zu Dir sprach (Dir andeutete), wiederhole ich nun klar und bestimmt als Mann und König: Ich liebe Dich und schwöre Dir Treue … Willst Du meine Gattin werden? Genossin meines Thrones? Königin von Bayern?" Damit war es amtlich. Bereits am nächsten Tag traf Sophies Jawort in der Münchner Residenz ein; die Frau Mama hatte keine Zeit verstreichen lassen.

Gewiß verehrte Ludwig seine Braut, gewiß hätte er sie auf Händen getragen, soweit ein Mensch wie er dazu überhaupt imstande gewesen wäre. Er machte kostbare Geschenke, schrieb ihr Briefe, die jedoch nie die glühende Intensität besaßen wie jene an Richard Wagner. Während Sophie in ihm den künftigen Gemahl sah, den sie als Mann und nicht nur als König aufrichtig liebte, verwandelte Ludwig die junge Frau in seiner Phantasie mehr und mehr in eine Figur aus Wagners Werk: Elsa von Brabant, die Geliebte und Ehefrau des Lohengrin. So bezeichnete er sie auch in seinen Briefen. Er selbst übernahm jedoch nicht den Part des Schwanenritters, sondern fühlte sich als Heinrich, als jener König, der in der ‚Lohengrin'-Oper den Gerichtstag zu Antwerpen abhält, nicht der Liebe verpflichtet, sondern den Tugenden der Gerechtigkeit und Treue. Allein diese selbstgewählte Rolle hätte seiner Braut zu denken geben müssen, doch wie konnte die junge Frau ahnen, wie sehr Ludwig seinen Wagnerkult verinnerlicht hatte. Allerdings ließ er sie über seine wahren Gefühle nie im Zweifel – seine Gefühle für Richard Wagner, denn die Welt, „die niedere, die gemeine, sie hat keinen Begriff von diesen Beziehungen, dieser tiefen Liebe, die bis in den Tod währt, dieser Seligkeit der heiligsten Liebe".

Je intensiver die Hochzeitsvorbereitungen betrieben wurden, um so mehr distanzierte sich Ludwig von der geplanten Heirat. Er wollte in einer kleinen Kapelle am Starnberger See den Bund der Ehe schließen, ohne Trubel. Die Protokollbeamten waren entsetzt: Er, der König? Undenkbar! Seine Vermählung sollte zum landesweiten Fest werden, mit Theateraufführungen, Diners, Soupers, hochadligen Gästen aus ganz Europa, mit dem begeisterten Volk, das dem Brautpaar zuzujubeln hatte. Mit Menschenmassen – für Ludwig war schon die bloße Vorstellung eine Tortur. Im März 1867 schrieb er seiner Braut: „So wahrhaft glücklich ich durch Unsere Verlobung bin, ... so namenlos unglücklich und beweinenswert bin ich doch zugleich."

Das Protokoll drängte nun energisch auf einen Termin, schließlich sollten die Erinnerungsmünzen mit dem Bildnis des Königspaares geprägt werden; Ludwig zögerte. Man einigte sich auf den 12. Oktober 1867 als Hochzeitstag; Ludwig verlegte ihn auf den 28. November. Und er schickte ihr wiederum bedeutungsvolle Wagnersche Schicksalsgrüße: ein Blumenbukett mit einer Vase, die wie das Trinkhorn für Tristan und Isolde geformt war, „ein verhängnisvolles Gefäß, das den beiden so unheilbringend war, denn ihm entströmte der furchtbare Liebestrank". Andererseits nahm er die Krone aus dem königlichen Schatz und reiste damit nach Possenhofen, um sie seiner „Elsa" anzuprobieren, denn „ist sie zu schwer und zu weit, so werde ich eine andere anfertigen lassen". Die Braut begriff allmählich den Sinn dieser Hinhaltetaktik; sie soll weinend ihrer Hofdame gestanden haben: „Er liebt mich nicht, er spielt nur mit mir." Und auch den Brauteltern wurde klar, daß es Ludwig keineswegs zu dieser Ehe drängte, er sich vielmehr zu ihr genötigt fühlte und schon gar

nicht erotische Wünsche in bezug auf seine Braut bei ihm vorausgesetzt werden könnten. Schließlich stellte Brautvater Max seinem Großneffen ein Ultimatum: Entweder wird am 28. November geheiratet oder die Verlobung aufgelöst. Und da sich nach Ludwigs Selbstverständnis ein König nie ein Ultimatum stellen lassen darf, auch nicht vom Vater seiner künftigen Gemahlin und erst recht nicht von einem untergeordneten Herzog, nahm er diese Herausforderung dankbar an. Er schrieb Sophie einen langen, einfühlsamen Brief, der aber in seiner Aussage unmißverständlich war: „Ich hatte nun Zeit mich zu prüfen, mit mir zu Rate zu gehen, und sehe, daß nach wie vor meine treue Bruderliebe zu Dir tief in meiner Seele wurzelt, nicht aber die Liebe, die zur Vereinigung in der Ehe erforderlich ist." Damit war die Verbindung gelöst; befreit und überhaupt nicht traurig notierte Ludwig in sein Tagebuch: „Sophie abgeschrieben. Das düstere Bild verweht; nach Freiheit verlangte ich, nach Freiheit dürstet mich, nach Aufleben nach qualvollem Alp."

Es ist immer wieder darüber spekuliert worden, ob Ludwig seine Cousine Sophie vielleicht nur deshalb nicht geheiratet habe, weil er in Wahrheit ihre Schwester Elisabeth liebte. Natürlich liebte er Sissi; Ludwig war mit der Vokabel Liebe schnell bei der Hand, und Sissi verehrte er besonders. Sie waren wesensgleich. Sissi, eine ungewöhnlich schlanke Frau mit hüftlangem Haar galt als Exzentrikerin, deren erotische Bedürfnisse nicht sonderlich ausgeprägt schienen. Nach der Geburt ihrer drei Kinder reiste sie ruhelos durch Europa; das spanische Hofprotokoll der Wiener Hofburg war ihr unerträglich. Sie schwärmte wie Ludwig für die Natur und war eine ausgezeichnete Reiterin. Und wie Ludwig lebte auch sie in ihren Träumen, eine selbstverliebte Poetin, die sich durch ihre Heirat mit dem Kaiser von Österreich in einem goldenen Käfig eingesperrt wähnte. Wie gut konnte sie Ludwig verstehen, und wie gut verstand der sie. Zwei narzißtische Wesen zogen sich gegenseitig an und erblickten im Gegenüber ihr eigenes Spiegelbild. Das war es auch, was beide am meisten aneinander faszinierte. Er nannte sie

„Taube", sie ihn „Adler". Es wurden geheimnisvolle Treffen auf der Roseninsel im Starnberger See arrangiert, auf der Ludwig über zehntausend Rosen für seine Cousine hatte pflanzen lassen. Doch die erotische Konsequenz dieser romantischen Rendezvous dürfte gegen Null tendiert haben. Ludwig küßte ihr galant die Hand, das war gefahrlos, und mehr hätte sie auch gar nicht zugelassen, lagen doch ihre Sphären der Gefühle weit über den Niederungen sinnenhafter Triebe. Ludwig sah das ähnlich. So blieben sie bis zu seinem Tod sehnsuchtsvolle Seelenverwandte, die sich auf eine Distanz hielten, die beide schützte: zwei Königskinder, die zusammen nie kommen wollten und sich deswegen so liebten.

Pikante Gerüchte verbreiteten sich auch um sein Verhältnis zur Schauspielerin Lila von Bulyowsky, eine gebürtige Ungarin, hübsch, zierlich, charmant, geistreich und mit jener Portion von Arroganz gesegnet, die gern als versponnene Exklusivität ausgelegt wird. Die beiden verstanden sich prächtig. Ludwig hatte Lila 1866 kennengelernt. Trotz ihres – reizenden – Akzents glänzte sie in der Rolle der Maria Stuart. Der König war so angetan, daß er in Kontakt trat. Er schrieb ihr Briefe, die er mit „Mortimer" unterzeichnete; er lud sie auf die Roseninsel im Starnberger See und auf seine Schlösser ein. Sie revanchierte sich und rezitierte aus klassischen Bühnenstücken, während Ludwig die männlichen Parts übernahm und – frei aus dem Gedächtnis – die entsprechenden Verse beisteuerte. Er war so beeindruckt, daß sein Hofmaler Franz Heigel das Bild „Maria Stuart, von Frau von Bulyowsky dargestellt" anfertigen mußte. Sechs Jahre dauerte diese lockere Liaison, von der die besseren Münchner Kreise gar zu gern gewußt hätten, ob es denn überhaupt eine war. Man munkelte über Intimitäten, Gerüchte kursierten, daß die temperamentvolle Bulyowsky den Rang einer Madame Pompadour angestrebt, den König bei einem Besuch auf Hohenschwangau handgreiflich bedrängt und schließlich resignierend festgestellt habe: „Er ist so kalt wie ein Fisch!" Schließlich setzte die Königinmutter der Beziehung ein Ende; sie erzwang den Weggang der Schauspielerin. Auch das hat Ludwig spielend verkraftet.

Im Mai 1865 hatte der neunzehnjährige König recht freimütig bei seinem Minister Ludwig von der Pfordten über das andere Geschlecht referiert: „Sehr interessiert hat mich, was Sie über die Frauen sprachen; seien Sie überzeugt, daß ich ihren Wert durchaus nicht unterschätze. Bei den meisten jungen Leuten mischt sich Sinnlichkeit in ihre Neigung zum anderen Geschlecht, diese verdamme ich. Da ich Gottlob davon nichts weiß, so ist, wie ich sicher glaube, meine Verehrung für die Reinheit der Frauen eine umso tiefer empfundene." Ludwig als Minnesänger: Er lobpreist die schneeweiße Unschuld seiner Gefühle, peilt aber heimlich (und überaus schuldbewußt) auf die prallen Schenkel der hochgewachsenen Chevaulegers, die bei ihm Dienst taten.

Die Roseninsel im Starnberger See.
Hier trafen sich König Ludwig
und Kaiserin „Sissi".

Ludwig II. verspürte deutlich seine homophile Neigung und versuchte verzweifelt, sie in einem verquasten, für ihn typischen Gefühlsschwulst zu ersticken. Erster Eintrag in seinem Tagebuch, Versuch einer bombastischen Präambel: „Au nom du Père, du Fils et du Saint Esprit! – Ich liege im Zeichen des Kreuzes (Erlösungstag unsres Herrn) im Zeichen der Sonne (Nec pluribus impar!) u. des Mondes (Orient! Wiedergeburt durch Oberons Wunder Horn.–) Verflucht sei ich u. meine Ideale, wenn ich noch fallen sollte Gott sei Dank, es ist nicht mehr möglich denn es schützt mich Gottes heiliger Wille, des Königs erhabenes Wort! – nur die psychische Liebe allein ist gestattet die sinnliche dagegen verflucht. Ich rufe feierlich Anathema über sie aus: ,Du nahst als Gottgesandte, ich folg' aus holder Fern, so fährst du in die Lande, wo ewig strahlt dein Stern –'" Da spürt ein einsamer junger Mann die ungestüme Kraft seiner Sexualität, und er tut das, was ihm in seiner Einsamkeit zu tun übrigbleibt. Krank vor Reue gelobt er dann in seinem Tagebuch: „Nicht mehr im Januar, nicht im Februar, überhaupt ist das Ganze so viel als nur irgend möglich abzugewöhnen; Mit Gottes u. Königs Kraft! ... Hände kein einziges Mal mehr hinab, bei schwerer Strafe!" In welche Seelenpein muß ihn erst die Anerkennung der Reichsgesetzgebung gestürzt haben. Im Paragraph 175 wurde Homosexualität unter Strafe gestellt. Mit der Übernahme dieses Gesetzes hatte Ludwig sich selbst kriminalisiert.

Etliche Zeitgenossen Ludwigs sahen in seinem Verhältnis zu Richard Wagner bereits eine homosexuelle Abhängigkeit. Es mag eine homoerotische gewesen sein, die Grenze zur Sexualität aber wurde wohl kaum überschritten, nicht vom König und schon gar nicht von Wagner. Ähnlich dürfte es sich bei Ludwigs Freundschaft mit dem Schauspieler Josef Kainz verhalten haben. Der König sah den Künstler erstmals am 30. April 1881 bei einer Seperatvorstellung im Hoftheater. Kainz, ein schlanker, zierlicher und dunkelhaariger Typ, spielte den Didier in Victor Hugos Drama ,Marion de Lorme'. Und er spielte ihn überragend. Didier ist ein Offizier, der für seine reine, keu-

sche Liebe zu Marion auf dem Schafott sterben muß. Eine solche Geschichte war ganz nach dem Geschmack Ludwigs. Und dann Kainz – für ihn der ideale Didier: rein, unschuldig, bedingungslos den Idealen einer höheren Treue verpflichtet. Ludwig überhäufte den Schauspieler mit wertvollen Geschenken, er lud ihn in seine Schlösser ein, unternahm mit ihm endlose Touren bis zum Vierwaldstätter See, wo Kainz vor allem im Mondschein den Didier geben mußte. Immer nur den Didier. Höchst strapaziert durch Ludwigs mörderischen Lebensrhythmus, der die Nacht zum Tage machte, war der schmächtige Kainz bald am Ende seiner Kräfte und begehrte auf. Das war dann nicht mehr der geliebte Didier, das war ein aufmüpfiger Untertan, dem die Gunst entzogen gehörte, auch wenn es Majestät selbst schmerzte. Verwirrt von den seltsamen (geistigen) Anforderungen und den Gefühlskapriolen seines Herrschers zog Kainz 1883 nach Berlin, einer großartigen Karriere entgegen.

Die Rolle des reinen Tors im Sinne des Wagnerschen Parsifals war Ludwig nicht durchgehend vergönnt. Auch ein Entsagender wie er vollzog hin und wieder, was ihm der sexuelle Trieb vorgab. Meist handelte es sich bei den Auserwählten um fesche Angehörige der Chevaulegers, der leichten Reiter, die reich mit Schmuckstücken beschenkt und zuweilen mit Süßspeisen aus der Hofküche versorgt wurden. Nächtliche Orgien in der Hundinghütte, wo der König mit seinen als Germanen verkleideten Burschen auf Bärenfellen lagerte, wurden kolportiert. Wie groß ihr Wahrheitsgehalt auch gewesen sein mochte; die Hofküche mußte jedenfalls kübelweise Met brauen: aus feinstem Waldhonig, Wasser, Muskatnuß, Muskatblüte etc. Ludwigs Getränk wurde mit rumänischen Rosenblättern und Arrak veredelt. Die Wirkung muß durchschlagend gewesen sein.

Mit seinem Stallmeister Richard Hornig verband Ludwig die wohl intensivste Liebesbeziehung. Hornig wurde einerseits wie einer seiner wichtigsten Berater, andererseits wie ein Sklave behandelt, der freilich eine fürstliche Belohnung erhielt. Trotzdem wurde Seine

Das Dokument einer Entfremdung:
König Ludwig II. und der Schauspieler Josef Kainz
1881 während einer Reise durch die Schweiz.

Majestät bitter enttäuscht, denn Hornig, „der edle gute Richard", heiratete. Er hatte seinen König wegen einer Frau verlassen, für Ludwig ein schwerer Schock. Ausgerechnet der Mann, „dem ich volles Vertrauen und sogar meine Freundschaft schenkte, eine Auszeich-nung, die außer ihm keinem meiner Untertanen in solchem Maß zu Teil geworden ist".

Nur ein einziger Mensch hat Seine Majestät nie ent-täuscht: sein bester Freund, seine große, wahre Liebe, er selbst – König Ludwig II. von Bayern.

„Volle acht Tage wurden es heute, seit ich durch Ihr hinreißendes Spiel begeistert ward, seit der zu Herzen gehende Klang Ihrer Stimme mich ergriffen hat! und nicht will der tiefe und mächtige Eindruck aus meiner Seele schwinden!"

Ludwig II. in einem Brief
vom 17. Mai 1881 an Josef Kainz

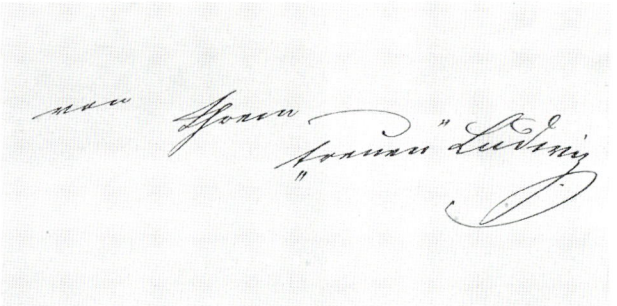

Nussmakronen

180 g gemahlene Mandeln
180 g gemahlene Pistazien
2 Eiweiß
1 Prise Salz
150 g Puderzucker
2 Päckchen Vanillinzucker
2 EL Arrak
1 EL Mandellikör
Backoblaten

Das Eiweiß mit Salz so lange schlagen, bis es fest ist. 100 g Zucker dazusieben und weiterrühren, bis die Masse glänzt. Den restlichen Zucker mit Vanillinzucker, den gemahlenen Nüssen, dem Arrak und dem Mandellikör unter den Eischnee ziehen. Mit Teelöffeln kleine Nocken abstechen und auf die Oblaten setzen. Die Makronen auf einem Backblech auf der mittleren Schiene des auf 150 Grad vorgeheizten Ofens 30 Minuten backen.

Apfelgelee mit Minze

❧

500 ml Apfelsaft
Saft von 2 Zitronen
3 EL Honig
7 Blatt weiße Gelatine
40 ml Crème de menthe
2-3 Zweige krause Minze
1 Apfel

❧

Den Apfelsaft mit Zitronensaft und Honig in einem Topf erwärmen, ohne ihn kochen zu lassen. Die kalt eingeweichte Gelatine ausdrücken und unter Rühren in der heißen Flüssigkeit auflösen. Abkühlen und mit dem Crème de menthe abschmecken. Die Masse zum Gelieren in den Kühlschrank stellen. Bevor sie fest wird, Minzeblättchen in kochendem Wasser blanchieren und eiskalt abschrecken. Den Apfel schälen, entkernen, auf der Rohkostreibe in grobe Stifte raspeln. Sobald das Gelee anfängt zu erstarren, die Apfelstifte und Minzeblättchen unterheben und das Gelee in Form gießen. Im Kühlschrank erstarren lassen, dann auf eine Platte stürzen, mit frischer Minze dekorieren und servieren.

MANDELBIRNEN MIT EISCHNEE

4 kleine süße Birnen
5 EL Zucker
Saft von 1 Zitrone
40 ml Birnenbrand
2 Eiweiß
3 EL geriebene Mandeln
2 EL Mandelblättchen

Die Birnen schälen, halbieren und das Kerngehäuse entfernen. Die Früchte mit der Hälfte des Zuckers in ganz wenig Zitronenwasser etwa 5 Minuten dünsten. Das Eiweiß steif schlagen, nach und nach den restlichen Zucker und die geriebenen Mandeln dazugeben. Inzwischen den Ofen auf 225 Grad (Gas: Stufe 4) vorheizen. Die Birnenhälften aus dem Zitronenwasser nehmen, abtropfen und mit Birnenbrand beträufeln, mit dem Eischnee füllen und im Ofen 5 Minuten überbacken. Die Mandelblättchen in einer Pfanne goldbraun rösten. Birnenhälften auf Dessertteller verteilen und mit Mandelblättchen garnieren.

APFELKÜCHERL

4 große säuerliche Äpfel
2 EL Zucker
400 ml Cidre
150 g Mehl
1 Prise Salz
2 EL Sonnenblumenöl
2 Eigelb, 2 Eiweiß
Pflanzenfett zum Fritieren
4 EL Zimtzucker

Die Äpfel schälen, das Kerngehäuse ausstechen und die Äpfel in 1 cm dicke Ringe schneiden. Diese in eine Schüssel legen, zuckern, mit 250 ml Cidre übergießen und etwas ziehen lassen. Das Mehl mit dem Rest Cidre, Eigelb, Öl und 1 Prise Salz zu einem glatten Teig verrühren. Die Eiweiße steif schlagen und unter den Teig heben. Das Pflanzenfett in einem Topf erhitzen, die Apfelringe in den Teig tauchen und im heißen Fett goldbraun fritieren. Herausnehmen, auf Küchenkrepp kurz entfetten, mit Zimtzucker bestreuen und sofort servieren. Dazu schmeckt Vanilleeis.

*Neckische Bengel-Putten zieren
das Treppenhaus
von Schloß Herrenchiemsee*

Die „Kubba": So stellte sich Ludwig
den Maurischen Saal von Schloß Linderhof vor.
Der Entwurf wurde jedoch nie ausgeführt.

Königliche Träume

Bisweilen kann das Wohnen in einer königlichen Residenz mit allerlei Unbill verbunden sein. Das mußte etwa der blutjunge Kücheneleve Theodor Hierneis erfahren, als er mit einem Kollegen in ein Zimmer im zweitobersten Geschoß der Münchner Residenz einquartiert wurde. Die Decke war leck wie in einem mittelalterlichen Gemäuer; ständig tropfte es von gewaltigen Eisenträgern herab. Die Lehrlinge behalfen sich, indem sie einen großen Regenschirm über ihrem Bett aufspannten. Auf der gleichen, weitläufigen Etage wohnte außerdem eine hochgestellte Persönlichkeit: Königin Marie Friederike, die Mutter Ludwigs II. Auch von ihrer Decke rieselte Wasser. So energisch Madame sich auch beschwerte, es tropfte weiter, denn ein Stockwerk weiter oben schwelgte ihr Sohn in pittoresken Träumen: Hoch über den Dächern von München schwebte er in einer Gondel auf einem glitzernden See. Am Ufer standen Palmen, im Hintergrund dräute ein fernes Himalaja-Massiv. Ludwig war mal wieder in sein Exil geflüchtet, in sein künstliches Paradies inmitten der ungeliebten Hauptstadt seines Reiches.

Zur Verwirklichung seiner Phantasien entwickelte der König oft einen erstaunlichen Realitätssinn, dem wohl auch eine gewisse Technikbegeisterung zugrunde lag. Seine erste Auslandsreise führte ihn denn auch 1867 nach Paris zur Internationalen Weltausstellung. Als Gast Napoleons III. bewunderte er die glanzvolle Hofhaltung des französischen Kaisers. So wollte auch er in seinem Königreich residieren, wie ein absolutistischer Herrscher, wenn man ihn schon nicht als Souverän regieren ließ. Nach seiner Rückkehr veranlaßte er, daß seine Räumlichkeiten im obersten Stockwerk der Residenz im Stile der Zimmer des Pariser Tuilerien-

schlosses umgebaut und eingerichtet wurden. Durch einen Laubengang gelangte man zu seinem Prunkstück, dem Wintergarten. Leicht und luftig sollte er nach dem Wunsch Ludwigs wirken, wie ein Traumgebilde, das über München schwebt. Es wurde eine viele Tonnen schwere Konstruktion aus Eisen und Glas, deren Gewicht die trutzigen Residenzmauern so sehr belastete, daß der Wintergarten gleich nach Ludwigs Tod wieder abgerissen wurde, um den gesamten Gebäudekomplex nicht zu gefährden.

Lakaien bewachten den Eingang zur Traumwelt Ludwigs, die ihre Anregungen aus der schwülstigen Romantik jener Jahre und insbesondere aus der gerade aufkommenden Orientbegeisterung bezog. Maria de la Paz, Infantin von Spanien und vermählt mit dem Bayernprinzen Ludwig Ferdinand, beschrieb in einem Brief an ihren königlichen Bruder in Madrid ihre Eindrücke nach einem Essen in Ludwigs Paradies:

„Ich war verblüfft, denn ich sah einen riesigen, auf venezianische Art beleuchteten Garten mit Palmen, einem See, Brücken, Hütten und schloßartige Bauwerke. ‚Geh‘, sagte der König, und ich folgte fasziniert, wie Dante Virgil ins Paradies. Ein Papagei schaukelte sich in einem goldenen Reif und schrie mir ‚Guten Abend‘ entgegen, während ein Pfau gravitätisch vorüber stolzierte. Wir gingen auf einer primitiven Holzbrücke über einen beleuchteten See und sahen zwischen Kastanienbäumen eine indische Stadt vor uns ... Wir kamen zu einem blauseidenen, mit Rosen überdeckten Zelt. Darin war ein Stuhl, von zwei geschnitzten Elefanten getragen, und davor lag ein Löwenfell. Der König führte uns weiter auf einem schmalen Pfad zum See, worin sich ein künstlicher Mond spiegelte, Blumen

und Wasserpflanzen magisch beleuchtend. An einem Baum war ein Boot gebunden, wie es die Troubadours in alten Zeiten benützten ... Plötzlich glaubte ich mich in die Alhambra verzaubert. Ein kleines maurisches Zimmer mit einem Brunnen in der Mitte, von Blumen umgeben, versetzte mich in meine Heimat. An den Wänden hingen zwei prächtige Diwane. In einem anschließenden, runden Pavillon hinter einem maurischen Bogen war das Abendessen angerichtet. Der König ... klingelte leise mit einer Tischglocke. Wie aus der Versenkung erschien ein Lakai, sich tief verneigend ... Von meinem Platz aus sah ich durch den Bogen hindurch herrliche Pflanzen im Schein verschiedenfarbiger Lichter, während unsichtbare Chöre leise sangen. Plötzlich war ein Regenbogen zu sehen. ‚Mein Gott‘, rief ich unwillkürlich aus, ‚das ist doch ein Traum!‘ ...“

Meist war Ludwig allein in seinem Garten Eden, nur umgeben von seinen Träumen und etlichen dienstbaren Geistern, die so unsichtbar wie möglich zu sein hatten. Er wandelte durch allerlei süße Düfte, die nicht nur den in verwirrender Vielfalt wachsenden Rosen, Orchideen, Lotosblumen und Hyazinthen entströmten. Oder er schaukelte in seiner goldfarbenen Gondel auf dem Wasser und ließ sich ein bengalisches Feuerwerk anzünden, während unten in der Hofburg die Feuerwache Blut und Wasser schwitzte. Doch selbst dieses Paradies blieb von den kleinen Unzulänglichkeiten der Natur nicht verschont. Als beispielsweise die drolligen chinesischen Enten damit begannen, die Blumen abzuweiden, mußten die Wasservögel entfernt werden.

Hin und wieder wurde die Hofsängerin Josephine Scheffzky aufgefordert, Seiner Majestät im Wintergarten Wagner-Arien vorzutragen, meist im Verborgenen hinterm Buschwerk, denn die Dame hatte zwar eine begnadete Stimme, aber auch die Leibesfülle, wie sie für eine Wagner-Solistin wohl unvermeidlich war; diesen Anblick konnte der König schwerlich ertragen. Einmal sollte die Scheffzky aus dem schwimmenden

Phantasie-Landschaft in Ludwigs Wintergarten: Himalaja und tropische Gärten (Entwurf von Julius Lange, 1871)

Nachen singen, was zu einer Szene führte, die die Slapstickkomik späterer Stummfilme vorwegnahm. Die schwergewichtige Dame balancierte also dramatisch im schlingernden Boot vor dem hinreißenden Himalaja-Panorama des Bühnenmalers Christian Jank. Natürlich gab der Kahn nach und kenterte; die Künstlerin plumpste ins Wasser und schrie, das Tremolo nun völlig außer acht lassend, um Hilfe. Ludwig II. floh angeekelt von soviel menschlicher Banalität in seine Privatgemächer. Sein Gesinde machte sich eiligst wieder sichtbar und rettete die wackere Madame Scheffzky aus den Fluten des königlichen Paradieses.

Ludwigs Vorliebe für alles Orientalische, seine Begeisterung für die Märchen aus Tausendundeiner Nacht, das war im Grunde genommen nicht mehr als die snobistische Marotte eines Herrn aus besseren Kreisen; er lag damit durchaus im Trend jener Zeit, in der alles Kunstvolle und Gekünstelte aus dem „Orient", einer geographisch nur sehr diffus bestimmten Region irgendwo zwischen Konstantinopel und Nepal, up to date war. So saß der König gelegentlich in türkischen Gewändern auf kostbaren Teppichen, Mokka und Arrak schlürfend und an der Wasserpfeife ziehend, wie die Schriftstellerin Luise von Kobell berichtet. Seine braven bayerischen Domestiken, als märchenhafte Muselmanen verkleidet, umlagerten ihn devot wie Sklaven, entzündeten Räucherpfannen und wedelten den schweren Duft mit großen Pfauenfächern durch den Raum. Trat Ludwig ins Freie, umgab ihn seine geliebte alpenländische Gebirgswelt. Er hatte sich seinen türkischen Saal mit blaugoldener Kuppeldecke und Brunnenkaskaden in dem von außen so bajuwarisch-rustikal wirkenden Jagdhaus auf dem Berg Schachen bei Partenkirchen einrichten lassen. Von einem ähnlichen morgenländischen Flair ließ er sich im Marokkanischen Haus auf Schloß Linderhof umschmeicheln. Eingehüllt von würzigen Tabakschwaden aus der türkischen Tschibuk-Pfeife, genoß er orientalische Sorbets, oder er begab sich hinüber zum Maurischen Kiosk, wo er mit der pathetischen Gestik eines persischen Schahs inmitten von Pfauenfiguren auf dem

*Ludwig wartet in seinem Speisezimmer in Linderhof
auf das „Tischleindeckdich".*

Pfauenthron Platz nahm. Diese spleenigen Inszenierungen sind freilich nur Marginalien in Ludwigs Biographie, bescheidene Konzessionen an die königliche Phantasie; seine wirklich großen Träume wurden nie realisiert, wie etwa die riesige byzantinische Palastanlage, wie sie ursprünglich für Linderhof vorgesehen war. Oder eine weitere byzantinische Burg mit arabischen Kuppeln und Rundbögen. Oder der prachtvolle maurische Saal in Neuschwanstein. Oder der Ausbau der Ruine Falkenstein zur Gralsburg. Oder der chinesische Sommerpalast am Tiroler Plansee. Für alle diese Projekte mangelte es weder an Phantasie noch an Skizzen und Entwürfen; es mangelte lediglich am Banalsten, am Geld.

Ludwigs Begeisterungsfähigkeit für kühne Pläne, seine Hingabe an das scheinbar Unmachbare war eigentlich alles andere als bloße Versponnenheit. Früher

als die meisten seiner Zeitgenossen beachtete und würdigte er die Erkenntnisse und Erfindungen von Technikern und Ingenieuren – eine Seite seiner Persönlichkeit, die kaum zu dem Bild des verträumten Märchenkönigs passen will. Ludwigs Schlösser wurden mit dampfgetriebenen Baumaschinen errichtet und elektrisch beleuchtet. Neuschwanstein, eine Ritterburg wie aus dem Bilderbuch, hat als statisches Gerüst die modernste Eisenkonstruktion der damaligen Zeit. In der Münchner Residenz wurde schon 1882 ein Telefon für den König installiert. Ludwig traktierte die Chemiker der Badischen Anilin- und Soda-Fabrik unablässig mit seinen Wünschen zur Entwicklung eines „blaueren Blaus". Er fuhr mit dem ersten elektrisch beleuchteten Fahrzeug der Welt – seinem goldenen Schlitten – durch die verschneiten Nächte. Er ließ auf Herrenchiemsee und Neuschwanstein neuentwickelte Warmluftheizungen installieren. Sein „Tischleindeckdich", ein kleiner, verspielter Speiseaufzug, brachte ihm die Suppe zum Diner direkt aus der Küche ins königliche Arbeitszimmer. Sein spektakulärer Plan einer Flugseilbahn zum Schloß Hohenschwangau scheiterte am Geldmangel: Auf einer Strecke von 1 240 Meter sollten die Gondeln, an Drahtseilen laufend, von großen, gasgefüllten Ballons bergauf befördert werden. Darüber hinaus beauftragte der König seinen „Leib-Erfinder" Wilhelm Bauer mit der Konstruktion eines Fluggeräts. Ein Ballon, gezogen von zwei gezähmten Pfauen, sollte ihn himmelwärts tragen – so wie einst Lohengrin vom Schwan in die Unsterblichkeit geleitet wurde. Heutzutage würde dieser Plan vornehmlich am Tierschutz scheitern.

Die wahren Objekte seiner königlichen Wunschträume aber waren Ludwigs geliebte Schlösser. Berg am Starnberger See und Hohenschwangau hatte er geerbt. Von 1868 bis zu seinem Tod war der König rastlos mit der Errichtung neuer Prachtbauten befaßt. Linderhof war seine verspielte „Rokoko-Villa", das Schloß, in dem er die meiste Zeit seines Lebens verbrachte. Neuschwanstein wurde zu seiner wolkenumkränzten Wartburg, zum Wagnerschen Schicksalshorst seines Alter ego Lohengrin, in dessen Rüstung er zu-

Der Maurische Kiosk des Berliner Baumeisters Karl von Diebitsch
war auf der Pariser Weltausstellung von 1867 die architektonische Sensation.
Ludwig II., zu Gast in Paris, sah ihn und war begeistert. 1876 kaufte der König
das Bauwerk, das sich mittlerweile in Böhmen befand, für 10 000 Gulden
und ließ es im Schloßpark von Linderhof aufstellen.

Die Luftbahn auf den Rigi.

Flugseilbahn mit Gasballons:
einer der kühnen Pläne König Ludwigs

weilen nächtens durch die Gänge schritt. Und das unvollendete Schloß Herrenchiemsee sollte mit seinem absolutistischen Prunk zum Versailles seines Reichs werden, kein Lustschloß, sondern eher ein irrsinnig überladenes Mausoleum für den Geist Ludwigs XIV. Der Bayern-Ludwig hat in der kalten Pracht der weitläufigen Gruft seines anderen großen Vorbilds ganze neun Nächte verbracht.

Sein großes Ziel, den Bau dieser Schlösser, verfolgte der König wie ein Besessener. Mit ihrer Realisierung schuf er Hunderte von Arbeitsplätzen, beschäftigte er die besten Architekten, Künstler und Handwerker. Pläne und Ausführungen kontrollierte er peinlich genau, und wehe, sie entsprachen nicht seinen Vorstellungen, das heißt den historischen Überlieferungen oder den

Bühnenbildern diverser Wagner-Opern. Gelungene Arbeiten belohnte er großzügigst mit Geld- und Schmuckgeschenken sowie weiteren Aufträgen. Bei schlampiger oder auch nur unvollkommener Ausführung – und diesbezüglich ließ er sich nur selten täuschen – feuerte er die Betreffenden gnadenlos. Hätte sich Ludwig II. mit der gleichen Leidenschaft seinen Regierungsgeschäften gewidmet, er wäre als einer der umsichtigsten Herrscher seiner Zeit in die Geschichte eingegangen. Doch so wurde er ausschließlich zum effektvollen Helden seiner Märchenphantasien. Die Beschränkungen seiner Zeit konnten Ludwigs Illusionen nie behindern; im Gegenteil: Er machte seine Umgebung stets zur Startrampe für seine königlichen Träume und baute unaufhaltsam an seinem überirdischen Großreich.

*Luxuriöses Badezimmer
in Schloß Herrenchiemsee*

Des Königs Finanzen

Ludwig II. war zwar König von Bayern, aber keineswegs ein Mann, der über unversiegbare Geldquellen verfügen konnte. Seine Einkünfte wurden ihm vom Staat zugewiesen. In der „permanenten Zivilliste" von 1834 war das Jahreseinkommen des Königs aufgeführt: 2 350 580 Gulden. Diese Summe war ein feststehender Posten, der über 40 Jahre nicht aufgestockt wurde; nach der Umstellung auf die preußische Währung waren das exakt 4 029 575,70 Mark. Dieser Betrag wurde mit dem Finanzgesetz aus dem Jahre 1876 auf 4 231 044 Mark angehoben. Hinzu kamen noch Zinserträge aus dem Privatvermögen des Königs, die sich 1883 auf rund 193 000 Mark beliefen. Also standen Ludwig II. etwa 4,5 Millionen Mark im Jahr zur Verfügung; ein stolzer Betrag, sollte man meinen. Doch Seine Majestät hatten keinen sonderlich großen finanziellen Spielraum, sein eigenes Taschengeld betrug in seinem letzten Regentenjahr nur 12 000 Mark.

Damit konnte der König, um es volkstümlich auszudrücken, keine allzu großen Sprünge machen. Bisweilen lebte er sogar ausgesprochen spartanisch, etwa auf Schloß Berg am Starnberger See, wo sich nicht einmal Diener um das Wohl Seiner Majestät kümmerten und gelegentliche Besucher hinterher pikiert fragten, ob dieses primitive Logieren überhaupt eines Königs würdig sei. Dieser zeitweilige Hang zur deftigen Einfachheit zeigte sich hin und wieder auch bei seinen einsamen Mahlzeiten in Berg oder auf dem Schachen. Dann stürzte sich Ludwig ohne großartige Etikette gierig auf die bäuerlichen Gerichte seiner bayerischen Heimat: Kalbskopf und Ochsenschwanz waren ihm nicht zu ordinär; Tafelspitz, eine Sonntagsspeise seiner ländlichen Untertanen, gehörte zu seinen Lieblingsgerichten. Es ging also auch einfach und bescheiden.

Von seinem Etat mußte Ludwig eine schier unübersehbare Flut von Rechnungen bezahlen. Er hatte die folgenden Posten zu tragen:

1. Die gesamten Kosten für Hof- und Haushaltung, die Dotation der Kabinettskasse;

2. die Ausgaben für den gesamten Hofstaat einschließlich der Gehälter;

3. die seit 1831 anfallenden Pensionen der Hofdienerschaft;

4. die Kosten der Instandhaltung von Residenzen und Hofgebäuden mit allem Mobiliar.

Nun hätte der königliche Etat trotz all dieser enormen Posten Ludwig im Normalfall immer noch ein finanziell sorgenfreies Leben erlaubt. Daß dem nicht so war, hatte er seiner bedingungslosen Unterstützung Richard Wagners sowie seiner hemmungslosen Bauleidenschaft zuzuschreiben. Sämtliche Kosten für die Bau- und Erweiterungsarbeiten an den Schlössern Hohenschwangau, Linderhof, Neuschwanstein und Herrenchiemsee mußte der König aus den Einkünften aus der Zivilliste bestreiten. Dafür reichte sein Etat bei weitem nicht aus. Da traf es sich gut, daß Ludwig den tüchtigen Grafen Max von Holnstein als engen Berater hatte. Holnstein galt als „graue Eminenz" des Hofstaates, obwohl er eigentlich nur Oberststallmeister war. Doch genoß der rothaarige „Roßober" nahezu uneingeschränkt des Königs Vertrauen, so daß er fast alle Schlüsselpositionen mit Leuten nach seinem Gusto besetzen konnte.

Wasserspiele im Schloßpark von Herrenchiemsee (links)

Ludwigs Versailles: Schloß Herrenchiemsee (folgende Doppelseite)

Holnstein hielt auch den Kontakt zum preußischen Herrscherhaus, insbesondere zu Bismarck. Ludwig, von Geburt immerhin Halbpreuße, hatte für seine Verwandtschaft in Berlin nicht viel übrig. Vor allem nach der bitteren militärischen Niederlage von 1866, die sich Bayern als Verbündeter von Österreich gegen Preußen eingehandelt hatte, wollte Ludwig nichts mehr mit Preußen zu tun haben. Er steigerte sich so sehr in seinen Haß, daß er einmal sogar die Büste des preußischen Königs Wilhelm I. anspuckte. Graf Holnsteins große Stunde schlug Ende November 1870, als nach dem deutsch-französischen Krieg, den Ludwig ebenfalls nie gewollt hatte, die deutschen Fürsten nach ihrem Sieg den Zusammenschluß ihrer Staaten zu einem einheitlichen deutschen Reich betrieben und Bismarck in Versailles den Preußenkönig Wilhelm zum Kaiser ausrufen lassen wollte. Der Kanzler hatte die Idee, Ludwig II., der zweitmächtigste deutsche Fürst, solle seinem Verwandten schriftlich die Kaiserkrone antragen. Bayerns König war dem Getöse von Versailles ferngeblieben. Also setzte Bismarck in Frankreich einen Briefentwurf auf, mit dem er Graf Holnstein auf die Reise nach München schickte. Sein Köder: Ludwig könne aufgrund seiner Verdienste um das neue deutsche Kaiserreich mit einer erheblichen finanziellen Unterstützung rechnen, von der sein Hofstaat nichts

Schloß Herrenchiemsee, Spiegelgalerie

erfahren würde. Das war ein glatter Bestechungsversuch: Ludwig sollte auf Kosten der bayerischen Selbständigkeit dem Kaiser die Krone aufsetzen und dafür bezahlt werden. Aber auch Holnstein, immerhin ein bayerischer Adliger, dessen Geschlecht auf die illegitime Verbindung des Kurprinzen Karl Albrecht mit der Hofdame Caroline von Ingenheim zurückging und der das bayerische Rautenwappen (allerdings mit „Bastardbalken" in der Mitte) führte, war für diesen Plan. Er sollte zehn Prozent der finanziellen Unterstützung erhalten. Damit hatte sich Bismarck sein Schweigen erkauft.

Graf Holnstein eilte also so schnell wie möglich nach Hohenschwangau. Ludwig hatte sich in sein verdunkeltes Schlafzimmer verkrochen und war, halb benebelt von Alkohol und Schmerzmittel, kaum ansprechbar. Er litt unter unsäglichen Zahnschmerzen. Nachdem Holnstein fast zwei Stunden gewartet hatte, ging er einfach in das Schlafzimmer und erklärte seinem König die Situation. Empört lehnte der bayerische Herrscher das Ansinnen ab: Warum sollte ausgerechnet er den ungeliebten Verwandten auf den Kaiserthron hieven? Eine solche Demütigung würde er nicht überstehen. Holnstein erklärte, Wilhelm ließe sich andernfalls von den versammelten deutschen Fürsten oder von seinen Truppen zum Imperator ausrufen, ob Ludwig das nun wolle oder nicht. Außerdem würde dann Bismarck in seiner Machtpolitik keinerlei Rücksicht mehr auf Bayern nehmen. Der Graf, ein energischer Mann, der bisweilen den Eindruck erweckte, es könne ihn auch einmal zu Gewalttätigkeiten hinreißen, redete und redete auf den jammernden König ein. Schließlich setzte sich Ludwig, mit den Nerven völlig am Ende, an seinen Schreibtisch und schrieb nach der Vorlage Bismarcks den sogenannten „Kaiserbrief", mit dem Holnstein sofort nach Frankreich zurückeilte. Die Deutschnationalen nannten den bayerischen König fortan „Ludwig den Deutschen", eine Lobpreisung, die Ludwig überhaupt nicht gern hörte. Die überwiegende Mehrheit des bayerischen Adels dagegen grantelte verbittert, ihr wehleidiger König hätte wegen seiner Zahnschmerzen den ungeliebten Preußenherrscher zu ihrer aller Oberhaupt gekürt. Sie wußten es nicht besser.

Über ein Schweizer Konto floß im September 1873 die erste Bestechungssumme in Ludwigs Kasse. Wenige Tage später zahlte Seine Majestät mit diesem Geld die Insel Herrenchiemsee an, auf der er sein Versailles zu errichten gedachte. Insgesamt zahlte Bismarck von 1873 bis 1886 etwa fünf Millionen Goldmark. Das Geld entnahm er dem sogenannten Welfenfonds, der mit über 30 Millionen Mark gefüllt war und für die Abfindung des einstigen Königs Georg V. von Hannover gedacht war. Der aber weigerte sich, von den Berliner Machtmenschen auch nur einen Pfennig anzunehmen. So benutzte Bismarck diesen Etat für seine Zwecke, etwa um Journalisten und Politiker – „Reptilien", wie der Kanzler knurrte – zu bestechen. Auch Ludwig erhielt sein Geld aus dem Reptilienfonds. Erst 1918 wurden nach der Revolution in Bayern Belege für Bismarcks „Darlehen" entdeckt. Holnstein hatte, ebenso wie Ludwig und Bismarck, sein Geheimnis mit ins Grab genommen.

Doch auch mit den preußischen Millionen wurde die Finanzlage des Königs immer prekärer. Ludwig baute wie besessen, Sparappelle schmetterte er zornig ab. Im August 1885 hatte er trotz eines 7,5-Millionen-Kredites eines Bankenkonsortiums unter der Führung

Deckengemälde im Ankleidezimmer von Schloß Herrenchiemsee

der bayerischen Hypotheken- und Wechselbank einen Gesamtschuldenstand von rund 14 Millionen Mark. Ludwig schrieb verzweifelte bis zornige Bittbriefe, die ihm kurze Zeit später als Symptome einer fortschreitenden Geisteskrankheit angelastet wurden. Er schickte seine Hofbediensteten aus, um Geld aufzutreiben. Erfolglos. Zwischenzeitlich dachte er sogar an Banküberfälle in Paris, Berlin und Frankfurt. Dann entschloß sich der König zur ultima ratio: Er wollte, wie man in Bayern sagt, „die Hosen runterlassen" und den Landtag um die Übernahme seiner Passiva bitten. Diesen letzten Schritt aber verhinderte der Ministerrat. Man wollte sich politische Debatten zum Thema Geldverschwendung und über Ludwigs München-Phobie unbedingt ersparen und fürchtete eine Niederlage bei der Abstimmung im Parlament. Dann allerdings wäre das Ansehen der Krone auf das schwerste geschädigt. Es gab nur eine Möglichkeit: Ludwig II. mußte vom Thron, aber nicht einfach abdanken; nein, er mußte angesichts dieses Schuldenstands entmündigt und dem Volk als unzurechnungsfähig vorgeführt werden. Das Ende des Märchenkönigs wurde hinter verschlossenen Kabinettstüren eingeleitet.

Gesottener Kalbskopf mit Vinaigrette

1/2 küchenfertiger Kalbskopf
2 Bund Suppengemüse
1 Zwiebel
1 TL Pfefferkörner
2 Nelken
Salz
500 ml Weißwein
3 EL Essig

für die Vinaigrette:
4 gekochte Eier
1 Zwiebel
1 Bund Petersilie
1 TL scharfer Senf
1 Prise Zucker
Salz
Pfeffer aus der Mühle
4 EL Olivenöl
1 EL guter Weinessig
2 EL Fleischbrühe
(Instant)

Den Kalbskopf in einem großen Topf mit 2 l Wasser, dem gewaschenen Suppengemüse, der geschälten, geviertelten Zwiebel, den Gewürzen sowie Weißwein und Essig aufsetzen und alles bei kleiner Hitze in etwa 2 Stunden weich kochen lassen. Danach den Kalbskopf aus der Brühe nehmen und abkühlen lassen.

Für die Vinaigrette Eiweiß und Eigelb getrennt durch ein grobes Sieb passieren. Die geschälte Zwiebel und die Petersilie fein hacken und mit Senf, Zucker, etwas Salz und Pfeffer unter die Eier mischen. Dann das Olivenöl, den Weinessig und die Fleischbrühe unterrühren. Den inzwischen lauwarmen Kalbskopf auslösen und das Fleisch in mundgerechte Stücke schneiden. Auf Tellern anrichten und die Vinaigrette dazu reichen.

OCHSENSCHWANZ-RAGOUT

1 kg küchenfertiger Ochsenschwanz
Salz, Pfeffer
2 EL Mehl
5 EL Sonnenblumenöl
4 Zwiebeln
3 große Möhren
1 TL Zucker
2 Fenchelknollen
3 Stengel Staudensellerie
250 ml Rotwein
1/2 TL Majoran
2 Lorbeerblätter
500 ml Fleischbrühe

Die Stücke vom Ochsenschwanz mit Salz und Pfeffer würzen und in Mehl wenden. Sonnenblumenöl in einem gußeisernen Bräter erhitzen. Das Fleisch bei nicht zu starker Hitze darin gut anbraten. Geviertelte Zwiebeln und geschälte, in Würfel geschnittene Möhren zugeben, mit Zucker bestreuen und karamelisieren lassen. Zum Schluß Fenchelknollen und Sellerie, in Scheiben geschnitten, mitbraten und mit Rotwein ablöschen. Mit Majoran und Lorbeerblättern würzen und nach und nach mit Fleischbrühe angießen. Zugedeckt bei geringer Hitze etwa 3 Stunden schmoren lassen. Danach mit schwarzem Pfeffer aus der Mühle nochmals abschmecken.

TAFELSPITZ MIT SPINAT

1 kg Suppenknochen
2 Bund Suppengemüse
2 Knoblauchzehen
2 Nelken
2 Zwiebeln
2 Lorbeerblätter
1 TL weiße Pfefferkörner
Salz
1200 g Tafelspitz
2 Karotten, 2 weiße Rübchen
(für Julienne)
1 Stange Meerrettich

für die Beilage:
1 kg Spinat
20 g Butter
250 ml Sahne
1 Zwiebel
Salz, Pfeffer, Muskatnuß

Die Knochen sorgfältig waschen und mit geputztem Suppengemüse, geschältem Knoblauch und den mit Nelken gespickten Zwiebeln sowie Lorbeer und Pfefferkörnern in einem großen Topf mit 2 l Wasser und etwas Salz aufsetzen. Die Brühe aufkochen lassen und den Schaum abschöpfen. Das Fleisch einlegen und bei geschlossenem Deckel etwa 2 Stunden bei kleiner Hitze sanft köcheln lassen. Herausnehmen und in der durchgeseihten Brühe warm stellen. Die Möhren und Rübchen waschen und in dünne Streifen schneiden, in etwas kochender Fleischbrühe blanchieren und zur Seite stellen.

Den geputzten Spinat in kochendem Wasser kurz blanchieren, abtropfen lassen und anschließend im Fleischwolf durchdrehen. In einem Topf Butter schmelzen und die gehackte Zwiebel unter ständigem Rühren glasig braten. Spinat einlegen, die Sahne unterrühren und erhitzen und zum Schluß mit Salz, Pfeffer und etwas Muskat abschmecken.

Den Tafelspitz in Scheiben schneiden, mit Juliennestreifen und gehobeltem Meerrettich auf Tellern in etwas Brühe mit dem Spinat anrichten. Als Beilage: Bratkartoffeln.

König Alkohol

König Ludwig II. war ein starker Esser; und dementsprechend trank er auch: Rheinwein, Pfalzwein, Champagner, Bordeaux-Weine (‚Lafite‘, ‚Margaux‘, ‚Château d'Yquem‘), Burgunder, diverse Liköre, Cognac, Rum, der mit Kräutern versetzt war, bisweilen auch Bier. Zu seinen Lieblingsgetränken zählten eine leicht moussierende Weinbrandmischung sowie Arrak, von dem er sich eine orientalische Stimulanz, einen arabesken Rausch erhoffte. Zuweilen kam es zu regelrechten Alkoholexzessen, wenn der König gemeinsam mit seinen Vorreitern, Stallburschen und Dragonern die sogenannte Pyramidenbowle niedermachte. Dabei handelte es sich um ein Sektgelage, bei dem die Gläser zuvor zu einer gigantischen Pyramide aufgebaut wurden.

Der Schauspieler Josef Kainz, der mit Ludwig zeitweilig eng befreundet war, reiste mit dem König an den Vierwaldstättersee. Ludwig wollte, daß er am Originalschauplatz von Schillers ‚Wilhelm Tell‘ bei Mondenschein den Rütlischwur deklamierte. Mit von der Partie waren sechs Hofbeamte, drei Diener und zwei Köche. Als flüssigen Proviant schleppte die Equipe zwei Faß Hofbräubier mit, etliche Körbe mit jeweils 200 Flaschen Wein, dazu reichlich Cognac und Liköre. Die Stimmung geriet so prächtig und vertraulich, daß Ludwig, der doch sonst so sehr auf Distanz Wert legte, dem Kainz das Du anbot. Das war noch eine der fröhlicheren Zechereien, bei denen der König charmant die Unterhaltung bestritt. Doch er konnte auch ganz anders.

Ludwig empfand mit zunehmendem Alter eine stetig wachsende Scheu vor offiziellen Banketten und Hoffesten. Den strahlenden jungen König, der souverän den Vorsitz an der Tafel führte, erlebte man immer seltener. Schon Tage vor dem Termin wurde er nervös und übellaunig. Er schimpfte in unflätiger Weise über seine Gäste. Schließlich mußte er sich unmittelbar vor der Veranstaltung Mut antrinken. Nach etwa acht bis zehn Gläsern Champagner hatte er sich soweit unter Kontrolle, daß er lächend zur Tafel schreiten konnte. Aber auch dort mußte sein Platz mit Blumengedecken so gut es ging abgeschirmt werden, damit die anderen Gäste nicht mitzählen konnten, wie sich die Laune Seiner Majestät Glas um Glas besserte.

Die zeitweise maßlose Völlerei des Königs hinterließ deutliche Spuren. Aus dem hochgewachsenen, strahlend schönen jungen Mann wurde mit der Zeit ein unförmiger Hüne von 140 Kilogramm Gewicht. Das Gesicht war aufgedunsen, der Blick leer. Vor den Mund hielt Ludwig ständig ein parfümiertes Taschentuch, mit dem er versuchte, sein entsetzlich zugerichtetes Gebiß zu kaschieren. Durch den zügellosen Konsum von Lakritz und Süßigkeiten hatte er sich schon in jungen Jahre sein Gebiß völlig ruiniert, so daß er zum Schluß nur noch vier Zähne besaß. Regelmäßige Schübe von furchtbaren Zahnschmerzen sowie Kiefervereiterungen waren die unvermeidliche Folge. Gleichwohl hatte Ludwig eine panische, unüberwindliche Angst vor Zahnärzten, ein künstliches Gebiß, damals durchaus schon machbar, kam deswegen für ihn nicht in Betracht. Er zog Betäubungsmedikamente wie Chloral – er brachte es immerhin auf sechs Jahre regelmäßigen Konsum – und Alkohol vor. Waren die Schmerzen besonders schlimm, bekam Ludwig Morphium. Seine Lebensweise war geradezu selbstmörderisch, und es ist sehr wahrscheinlich, daß Ludwig, auch wenn es das Unglück im Starnberger See nicht gegeben hätte, nicht wesentlich älter geworden wäre.